LE PRIVÉ N'EST PAS POLITIQUE

CLAUDE HABIB

LE PRIVÉ N'EST PAS POLITIQUE

le débat

Gallimard

PREMIÈRE PARTIE

LES CONDITIONS DE L'UNION

1

Travail et désinvestissement

> Défendre en même temps la justice et les vertus de l'intimité est la tâche de la prochaine génération de théoriciens politiques.
>
> MICKAEL WALZER

Le passage de la retraite à soixante-quatre ans a donné lieu en France à une résistance massive, souvent spectaculaire, parfois violente. Les manifestants proclamaient leur refus de perdre deux ans de vie, comme si le temps passé au travail était irrémédiablement perdu, un temps de vie volé par la société à l'individu : une mortification doublée d'une extorsion. Cette opposition de la vie vécue à la vie perdue paraît témoigner d'un attachement général à la vie privée aux dépens de la vie professionnelle, comme si un basculement avait eu lieu dans l'ordre des priorités. Ce qui importe à chacun, ce n'est plus le travail et l'accomplissement de soi qu'il permet, ce serait désormais la part de la vie en marge du travail, comme si c'était seulement hors de l'emploi qu'on avait une chance d'être soi.

Naguère, au moins pour les hommes, la nécessité du travail ne faisait aucun doute : il fallait travailler parce qu'un homme devait gagner le pain de sa famille. La vie affective et sexuelle était tributaire de l'emploi : en ce sens, elle était secondaire. Ce n'est pas que les hommes y attachaient moins de prix. Ils y attachaient certainement des sentiments variables, et pouvaient, tout comme aujourd'hui, tenir un peu, beaucoup, passionnément à leur famille. Mais l'entrée sur le marché du travail était le préalable à la vie familiale, et non l'inverse. C'est pourquoi, dans l'ordre des priorités, le travail passait avant la vie affective : il en était la condition. Pour contester cette hiérarchie, il faut renverser la perspective, et soutenir que cette condition préalable n'était que le moyen d'accéder à la vie de famille, laquelle demeurait pour chacun le véritable but de l'existence. La vie privée – essentiellement passionnelle, c'est-à-dire passive – serait ainsi le cœur de la vie professionnelle, par nature active. On ne s'investirait dans le monde du travail, on ne participerait à l'affairement général que pour ces plages de temps où se joue l'essentiel – le temps d'aimer et de souffrir, le temps de sentir et de subir le temps qui passe : le temps de vivre.

Est-il possible de trancher entre ces deux positions ? Entre l'occupation professionnelle, qui représente l'engagement social de chacun, et la vie personnelle, qui s'y soustrait, il n'est guère possible de déterminer ce qui importe le plus. Dans l'insociable sociabilité humaine, tantôt l'un, tantôt l'autre prédomine. Cela dépend sans doute des caractères ; certains s'épanouissent davantage dans l'action collective, d'autres dans le retrait privé. Ces préférences varient aussi au cours de l'existence, au gré des aubaines et des malchances dans l'un et l'autre domaine. Normalement la vie professionnelle suspend la vie privée (on lui ménage une place discrète, quasiment citationnelle : la photo des enfants sur l'écran d'accueil). Idéalement la vie privée suspend les tensions et les soucis professionnels : la maison délasse du bureau, qui change de la maison. Lorsque les deux se mêlent, ils se polluent réciproquement. L'idéal est de maintenir entre les deux un entrelacs sans confusion, et cela est vrai même pour les couples qui travaillent ensemble, dans le commerce, l'artisanat ou la restauration : il faut être tout entier au travail et tout entier à la maison. Comme dans les illusions d'optique qui jouent sur le rapport de forme à fond, tantôt un aspect apparaît, tantôt l'autre. On ne voit pas les deux en même temps.

Au temps où l'horizon n'était pas plombé comme il l'est aujourd'hui par l'éco-anxiété, la perspective d'une carrière allait de soi : on entrait dans un métier avec ses aléas et ses incertitudes, mais on y entrait dans l'espoir de progresser, c'est-à-dire d'y manifester ses talents, de les faire reconnaître et rémunérer à proportion de leur valeur. C'est dans l'arène professionnelle qu'on pouvait se révéler et faire reconnaître qui on était. Y entrer, c'était, et c'est toujours se mettre à prix. Toute réussite professionnelle a donc aussi une dimension d'affirmation personnelle. Sauf dans les carrières de fonctionnaire, où l'avancement à l'ancienneté étouffe l'ambition, une augmentation de salaire traduit l'estime d'autrui. Toute réussite résulte de la considération, qu'elle attire en retour. Cela forme un cercle, vertueux selon les bénéficiaires, odieux du point de vue des laissés-pour-compte. Les perdants, les vaincus, les non-promus dénoncent inlassablement la concentration des avantages : l'argent va à l'argent, il pleut toujours où c'est mouillé... Cette impression d'injustice peut être vécue sur le mode de la colère ou de la résignation, mais il s'agit là de sentiments seconds. Sur la ligne de départ, c'est-à-dire avant d'éprouver aucun ressentiment, chacun espère faire valoir ses atouts.

On peut objecter qu'au bas de l'échelle, dans les métiers les plus ingrats, le rêve de progresser n'a pas sa place : une telle perspective est absente ou illusoire, et l'ambition se borne à boucler les fins de mois. Éviter ou minimiser les occasions d'humiliation, c'est tout ce qu'on escompte dans ces cas. Non pas se faire valoir, faire profil bas. Quand on ne voit pas plus loin que la survie au jour le jour, il n'y a aucune chance qu'une dimension personnelle apparaisse et se déploie à l'occasion des tâches en cours. Cela fait qu'on rencontre dans le monde du travail une espèce de désinvestissement qui touche à la dépression.

Cela ne remet pas en cause le fait que, pour la plupart, la vie professionnelle soit, comme son nom l'indique, vivante : chacun s'y oriente, cherchant un domaine où il puisse espérer trouver sa place, puis l'accroître. Chacun met en avant le service qu'il rend à la communauté – la société qui l'emploie, ou la société dans son ensemble. Mais, derrière le service de la communauté, l'expansion de soi est bien l'effet qu'on cherche et qu'on peut espérer de son travail.

La machine se grippe chaque fois qu'on acquiert l'impression, à tort ou à raison, qu'on ne travaille pas pour soi, mais pour autrui. C'est le sentiment, ou la perception, de l'exploitation qui entraîne le dégoût du travail. L'employeur devient un adversaire qu'il faut neutraliser à la loyale, par les voies syndicales quand c'est possible, ou dans le cas inverse qu'il faut berner dès que l'occasion se présente. Avec le goût du travail disparaît la moralité au travail. Tout est permis, dès lors qu'on a l'impression de travailler pour un profiteur et non pour soi, et dans le pire des cas de travailler à mort, c'est-à-dire d'œuvrer à sa propre mort.

Les accidents et les maladies du travail donnent corps à ce risque terrifiant : non pas travailler pour vivre, mais se tuer au travail. Les cas emblématiques de la silicose chez les mineurs, ou du mésothéliome de la plèvre chez les travailleurs de l'amiante prouvent que ces craintes ne sont pas des fantasmes d'extrémiste. Il peut s'agir d'une mort lente. Perdre sa vie à la gagner, la formule n'est malheureusement pas toujours une hyperbole. C'est ce qu'atteste aussi, de manière globale, le fait que l'espérance de vie soit moindre chez les ouvriers que chez les cadres et les professions libérales.

Reste que ce n'est pas l'effort en soi qui décourage, mais l'effort au détriment de soi. Tous ceux qui visent l'excellence se soumettent à des horaires de travail qui, de l'extérieur, paraissent inhumains. Les solistes, les entrepreneurs, les sportifs de haut niveau vont au bout de leurs forces. Leurs efforts les exaltent plutôt qu'ils ne les épuisent. Pourquoi donc, si ce n'est parce qu'ils ont le sentiment de travailler pour eux-mêmes, souvent accompagnés par une équipe qui les entraîne et les soutient ? Ils sont le but de leurs propres efforts, et nul ne peut les en déposséder, s'ils triomphent : nul ne leur volera la médaille, la place sur le podium, le disque d'or. Ceux-là ont le sentiment d'agir pour eux-mêmes. Ils sont les acteurs de leur propre vie, et non les figurants du scénario d'autrui. Même le risque de mourir à la tâche n'arrête pas : on voit des cyclistes se ruiner la santé dans des entraînements déments, et ne pas reculer devant le dopage, toujours fustigé comme une triche à l'égard des concurrents, mais qu'il faut aussi considérer en soi, du point de vue du sportif que le désir de se dépasser pousse à l'atteinte de son propre corps. La drogue de performance est le contraire de la drogue hédoniste, même si les effets se ressemblent à la longue. Dans certaines disciplines, l'espérance de vie des sportifs de haut niveau est plus basse encore que celle des ouvriers.

C'est une banalité : la motivation seule importe. Elle est souvent liée à l'espoir d'exceller, mais pas exclusivement. Le sentiment de faire sa volonté suffit, un sentiment qui naît parfois de manière oppositionnelle, du simple fait de contrarier l'entourage. C'est le ressort du caprice : je découvre ce que je veux au fait que tu ne le veuilles pas. Ta résistance est ce qui suscite ma volonté. Un mari paresseux, qui pour rien au monde ne passerait l'aspirateur, peut arpenter les plages à l'aide d'un détecteur de métaux, ce qui n'est pas moins fatigant, ni moins ennuyeux. Il trouve son compte dans l'espoir du gain et l'affirmation de sa liberté.

Le désinvestissement du travail s'est manifesté spectaculairement après la fin des confinements, soit par la démission du travail antérieur, soit par la formulation d'exigences nouvelles, qui semblaient exorbitantes aux employeurs : davantage de pauses, des horaires aménagés, le maintien en télétravail après la fin de la pandémie. Et des hausses de salaire, et la semaine de quatre jours… Tout se passe comme si la longue parenthèse des confinements avait réactivé une conception adolescente de l'existence : vivre sa vie redevient le seul objectif. Par rapport à cette aspiration individualiste, s'échiner pour rester dans la norme n'a pas de sens : au contraire, rester dans le moule est presque une faute morale.

Perdre son boulot était une crainte diffuse dans la France du chômage de masse. Quitter le taf devient un motif de fierté, une sortie du placard à poster sur Facebook. C'est un effet libérateur des réseaux sociaux, dont l'influence s'accroît au détriment de la sphère privée, qu'ils pénètrent et qui se lézarde à leur contact immatériel. Qui peut se targuer de savoir ce qui est bon pour moi ? Au jugement des personnes présentes dans l'entourage immédiat s'ajoute – et bien souvent se substitue – l'approbation de *followers* lointains. La plupart du temps, les proches pesaient dans un sens conservateur. Les petits pouces levés contribuent donc à l'allégement de l'existence : grâce à eux, repousser les corvées n'est pas seulement envisageable, c'est immédiatement gratifiant.

Peut-être ne faut-il pas s'obnubiler sur les démissions répercutées, donc amplifiées, par Internet. Derrière les mises en scène du cran ou du cool, les fondamentaux demeurent en place. La plupart des gens admettent que la nécessité a ses rigueurs, et jugent qu'il est infantile de prétendre se faire indéfiniment dorloter, comme si la société devait à chacun le gîte et le couvert. L'inverse est vrai. Nous devons fournir un travail parce que nous avons une dette envers la société. Nous n'avons pas fauché le blé, ni pétri le pain que nous mangeons, nous n'avons pas élevé les murs des maisons que nous habitons, ni tissé les draps dans lesquels nous dormons. D'autres l'ont fait pour nous. Celui qui refuse de prendre sa part, par un travail rémunéré, c'est-à-dire inscrit dans la division du travail, ne revendique pas le droit de vivre, mais d'abuser. Tel était déjà le raisonnement de Rousseau dans *Émile*, quand il enjoint à son élève d'apprendre un métier : « Celui qui mange dans l'oisiveté ce qu'il n'a pas gagné lui-même le vole ; et un rentier que l'État paye pour ne rien faire ne diffère guère, à mes yeux, d'un brigand qui vit aux dépens des passants. Hors de la société, l'homme isolé ne devant rien à personne, a le droit de vivre comme il lui plaît ; mais dans la société, où il vit nécessairement aux dépens des autres, il leur doit en travail le prix de son entretien. Cela est sans exception[1]. »

Donc le travail est nécessaire, qui cherche à s'en exempter adopte une position aristocratique, c'est-à-dire injuste. Si indiscutable soit-il, le travail doit être protégé des exactions des puissants. Rousseau a en tête les impôts exorbitants qui écrasent à l'époque la paysannerie française. Le cultivateur, parce qu'il est attaché à sa terre, est toujours susceptible d'être opprimé au moyen de son champ, tandis que l'aristocratie en est largement exemptée.

1. Rousseau, *Émile*, Livre III, *Œuvres complètes*, Paris, Gallimard, « La Pléiade », 1969, t. IV, p. 470.

Aujourd'hui, on peut penser aux profits démesurés des plates-formes qui échappent à la taxation. Certains économistes imputent le rejet de l'emploi à la trop faible rentabilité actuelle du travail : quand le salaire ne permet plus d'accéder aux marqueurs de l'indépendance, notamment à la propriété du logement avant trente-cinq ans, le salarié perd le sentiment de travailler pour lui-même et pour sa famille.

On ne fait pas d'enfant si l'on n'a pas de toit. S'il est vrai que la crise du logement ne favorise pas la constitution des familles, inversement, la crise de la famille contribue à la raréfaction des logements. En effet, les divorcés ont besoin de deux fois plus de surface pour que l'un et l'autre parents puissent, tour à tour, accueillir leurs enfants, de sorte que la dissolution des anciens couples pèse négativement sur la formation de nouvelles familles, les divorcés occupant les logements disponibles, cependant que les jeunes couples ajournent leur désir d'enfant faute de trouver à se loger.

Il est possible que l'apathie au travail soit la conséquence des trop faibles revenus qu'on en tire. Il est possible aussi que cette insuffisance explique la difficulté croissante d'édifier, sur un fondement si médiocre, une vie familiale comparable à celle des générations antérieures. Indépendamment du facteur économique, cette vie sera forcément différente, du fait que la notion de chef de famille a perdu une part de son sens, sinon tout son sens.

Marcel Gauchet l'a formulé clairement : « La famille n'est plus une institution dans la rigueur du terme, dont le père serait le "chef". Elle est une association privée de personnes en vue de leur épanouissement affectif[1]. »

Le travail féminin, qui s'est généralisé dans les pays occidentaux au nom de l'indépendance des femmes, profite aussi à l'économie familiale, du moins tant que le couple ne divorce pas. On a même soupçonné que la baisse relative des rémunérations, dans les classes défavorisées, était liée au travail féminin dans la mesure où un homme marié peut désormais se contenter de la paye qui convenait naguère à un célibataire – à condition, bien sûr, que son épouse travaille, fût-ce à temps partiel.

Dans bien des cas, le second salaire est devenu indispensable à la bonne marche du foyer. C'est grâce à cet apport que le revenu global du ménage se maintient, tandis que les salaires individuels stagnent ou diminuent relativement à l'enrichissement moyen. L'entrée des femmes dans la vie active aurait donc permis au patronat des économies substantielles. On retrouve ici le raisonnement marxiste, selon lequel le salaire correspond à ce qui est nécessaire pour réparer la force de travail, et pas au-delà. L'hypothèse est que les salaires s'établissent de façon non seulement à avantager

1. Marcel Gauchet, « La domination masculine est morte », *Le Monde*, 11 septembre 2018.

l'employeur, mais encore à maximiser son avantage, juste en deçà du point de rupture. Mais la notion de « réparation de la force de travail » n'est pas totalement convaincante quand il s'agit pour l'employé d'emmener les enfants à Disneyland ou de régler l'abonnement Netflix.

2

La formation des couples

Un salaire intégral, la plupart du temps masculin, assorti d'un salaire d'appoint : ce type de budget est devenu courant dans les couples, surtout après l'arrivée des enfants, c'est-à-dire au moment où les femmes réévaluent soudain les idéaux d'égalité et d'indépendance qui les avaient portées jusque-là – si elles ne les renient pas en parole, elles cessent bien souvent de les suivre en pratique. Cette formule permet d'équilibrer le budget des couples formés, mais elle ne favorise pas la formation des couples : l'entrée dans la vie conjugale est compliquée pour les jeunes gens mal payés, d'autant que le désir masculin ne s'oriente pas spontanément vers les femmes diplômées : apparemment, les revenus prévisibles des partenaires potentielles n'entrent pas en ligne de compte au moment du choix conjugal.

Que ce soit un effet de la sélection darwinienne ou de la mauvaise volonté des oppresseurs mâles, c'est encore et toujours la jeunesse et la beauté qui suscitent le désir masculin : par conséquent, pour une fille, quand le but est de trouver un partenaire, les jolies robes valent mieux que les bonnes notes. L'apparence physique, et non la perspective de promotion sociale, détermine le choix masculin, tandis que les critères s'inversent dans l'autre sexe : une femme choisit en général un partenaire plus âgé qu'elle – l'écart moyen en France est de quatre ans. Ce partenaire plus âgé est aussi plus diplômé et jouit, en moyenne, d'un meilleur statut professionnel. Les femmes développent régulièrement ce que les sociologues appellent une stratégie d'hypergamie. Dans ces conditions, l'allongement des études féminines n'est pas de nature à faciliter l'appariement des couples. Pour les femmes, sur le marché matrimonial, le diplôme est un handicap et non pas un atout. Désormais plus diplômées que leurs homologues masculins, sauf dans quelques rares domaines, comme les mathématiques ou les sciences de l'ingénieur, les bonnes élèves sont moins à même de trouver un partenaire à leur goût.

Les hommes paraissent étrangers au désir de s'élever socialement par le mariage. N'allons pas mettre au compte d'un quelconque désintéressement masculin cette asymétrie dans le choix de la partenaire. Du *Paysan parvenu* à *Bel ami* en passant par le Rastignac de Balzac, le roman français n'a cessé d'explorer le projet de s'élever par les femmes. Il détaille aussi les revers qu'on essuie dans ce genre de carrière. Le Frédéric Moreau de *L'Éducation sentimentale* est l'exemple type de l'échec en la matière. Par romantisme ou par distraction, il laisse passer les occasions et se fait finalement souffler le beau mariage avec la jeune fille riche par un arriviste imbécile auquel ni le lecteur ni le héros n'avaient pris garde jusque-là. Comment ne pas épouser une héritière : Vincent Descombes a brillamment montré que la grande œuvre de Proust était elle aussi justiciable de cette grille de lecture[1]. Le personnage du coureur de dot, que son dessein soit ou non couronné de succès, n'est certes pas une invention littéraire, et l'appétit pour la jeune fille riche subsiste certainement aujourd'hui encore, dans quelques secteurs de la société.

Reste que ce dessein ne se transforme pas en désir pour la diplômée, pour une raison simple : le désir de s'emparer de la jeune fille et de sa dot est un désir d'acquisition. S'il y parvient, l'homme fait coup double. En revanche, il ne peut rêver de s'emparer de la fille et de son diplôme : ce diplôme n'appartient qu'à elle, il n'est pas transférable. Et pire encore : il est la clef de l'indépendance, qui permet à la femme de recourir au divorce en cas de mésentente. Alors que la dot est un bonus pour lui, le diplôme est une armure pour elle.

Non seulement le diplôme ne tombe pas dans

1. Vincent Descombes, *Proust. Philosophie du roman*, Paris, Minuit, 1987.

l'escarcelle de l'épouseur, mais il fait que la femme est moins sienne. Elle l'est encore, mais de manière conditionnelle : tant qu'il continue de lui donner satisfaction ; à condition qu'elle le veuille bien. On peut se réjouir du fait que le mariage soit devenu, à l'instar de la nation, un plébiscite de tous les jours. Mais il faut reconnaître que, pour un homme, ce progrès de la liberté est une perte de garantie.

On se souvient du diagnostic pessimiste qu'Allan Bloom formulait en 1987 dans *L'Âme désarmée* : les hommes s'investissaient jadis dans la famille, jugeait-il, parce qu'ils en étaient les propriétaires, et tant qu'ils le sont restés. Quand la femme et les enfants leur appartenaient, ils s'y attachaient par une extension de l'égoïsme. Bloom ne pensait pas que cet attachement procédait d'un motif noble : l'égoïsme ne l'est pas. Mais il estimait qu'il était irremplaçable – en tout cas qu'on ne voyait pas par quoi le remplacer. Le féminisme, si critique à l'égard du patriarcat, ne s'est guère soucié de préciser l'agencement familial qui pourrait lui succéder : il ne propose rien, à part de vagues incantations sur « l'amour en régime d'égalité », censé advenir dans un proche avenir, une perspective souriante et qui fait toujours plaisir, au-delà même des cercles militants ; mis à part, aussi, le soutien affiché aux familles homosexuelles, trans ou *queer*, censées incarner dès aujourd'hui cet idéal d'un lien sans exploitation ni oppression, les nouveaux couples fournissant *hic et nunc* le modèle d'un amour délivré de la domination.

Certes, de nouvelles familles se sont formées sur ce patron : on n'a pas manqué d'entendre leurs revendications d'égalité avec les familles traditionnelles : égalité de droit, de reconnaissance, et de commodités pratiques en tout genre, de la PMA à l'autorisation de signer les bulletins scolaires ou d'obtenir la garde alternée en cas de divorce… Ces nouvelles familles dominent l'actualité, bien qu'elles soient extrêmement minoritaires. En 2022, on a compté en France 244 000 mariages, dont seulement 7 000 mariages homosexuels. Ces unions représentent donc moins de 3 % du total, même si certains voient là une révolution anthropologique et un modèle pour le futur. Indépendamment de la question quantitative, on ne distingue pas ce que ces nouvelles façons de « faire famille » pourraient avoir d'inspirant pour un jeune homme hétérosexuel.

Pour lui, le programme n'a rien d'engageant : il est assuré par avance d'avoir le mauvais rôle, certain d'être traité, en cas de mésentente, comme le suppôt du patriarcat, alors même qu'il n'en tire aucun bénéfice, la dissolution de l'ordre patriarcal étant un fait accompli en Occident[1]. Si les néo-

1. Voir, sur ce point, la remarquable analyse de Marcel Gauchet, « La fin de la domination masculine », *Le Débat*, n° 200, mai-août 2018. Emmanuel Todd porte le même diagnostic dans

féministes n'en ont pas pris conscience, c'est le signe qu'elles sont en retard d'une guerre, phénomène courant, et qu'elles ont pris l'habitude commode d'utiliser ce terme ronflant pour désigner les désagréments qu'entraîne, aujourd'hui encore, le fait de naître femme : la moindre taille, la moindre force, le fait de devoir constamment se défendre contre les importunités sexuelles, et la charge accrue des enfants si le père est défaillant ou jugé tel – autrement dit si la monogamie ne fonctionne plus.

Toutes les dispositions légales qui assuraient la domination masculine ont disparu. Le pouvoir paternel a cédé la place à l'autorité parentale. La filiation patrilinéaire subsiste, mais elle a perdu son monopole organisateur. Les couples sont libres de donner à leur enfant le nom de la mère ou celui du père. Bien plus : cet enfant, devenu majeur, peut encore opter pour le nom de sa mère s'il tient à marquer son rattachement à la lignée maternelle. Par ailleurs, grâce à la contraception et à l'avortement, aucune femme ne peut devenir fille-mère contre son gré, progrès immense. Mais à l'inverse un homme peut se voir chargé d'une paternité non désirée, par la comparaison, devenue courante, de son ADN avec celui de l'enfant. Sinon la honte, en tout cas la défiance a changé de camp : les femmes

---

Où en sont-elles ? Une esquisse de l'histoire des femmes, Paris, Points, 2023.

ont moins de prudence, parce qu'elles ne risquent plus d'assumer seules les conséquences à vie d'un acte sexuel sans lendemain. Inversement les hommes, parce qu'ils ont découvert leurs raisons de le regretter, apprennent la circonspection. C'est leur tour à présent d'engendrer contre leur gré. Une scène de film a rendu visible cette situation inédite. Dans *The Square*, Ruben Östlund met en scène une jeune femme qui drague ouvertement un homme en vue. Lui est conservateur de musée et il prépare une exposition d'art contemporain ; elle est une journaliste américaine venue couvrir l'événement. Ni l'un ni l'autre ne s'aiment le moins du monde. Après un rapport sexuel, unique et destiné à le rester, les deux partenaires se battent pour s'emparer du préservatif rempli de sperme. La scène est ahurissante : le caoutchouc s'étire entre eux. Au lieu de la langueur qui suit l'amour, un pugilat. Au lieu de la confiance qu'on attendrait, la défiance la plus crue. Lui craint manifestement l'usage qu'elle peut en faire. Elle passe outre.

Philippe Val a plaisamment noté que, relativement à l'antiracisme ou au féminisme classiques, la notion d'intersectionnalité représentait le même progrès que l'invention du filet dérivant par rapport à la canne à pêche. Le militant peut désormais ratisser large, et ramener du fond vaseux de l'existence toutes sortes de souffrances inconnues – c'est-à-dire méconnues par la société, mais susceptibles d'être politisées une fois hissées à bord, car il n'existe guère de désavantages qui ne puissent être requalifiés en injustice sociale.

Malheureusement, rien n'assure l'unité de cette variété de complexes, d'humiliations et de meurtrissures en tout genre, sinon l'existence d'un ennemi commun : le mâle blanc haut placé dans l'échelle des salaires remplit ce rôle à merveille. Il est la clef de voûte de l'édifice intersectionnel, le mauvais objet des nouveaux mouvements sociaux, comme avaient pu l'être autrefois le rentier à chaîne de montre ou le patron fumant cigare. Une différence est qu'au temps des partis ouvrier, la propriété privée des moyens de production donnait une armature rationnelle à l'exécration spontanée. Aujourd'hui, par opposition, le mâle blanc est haï pour ce qu'il est, lui qui s'est donné seulement la peine de naître, et dont on préjuge, sans preuve, qu'il jouit des souffrances qu'il ne partage pas.

Pour compliquer le tableau, il faut ajouter que dans certains cas ce mauvais objet n'est guère à plaindre : le mâle dominant continue d'être la visée des célibataires en mal d'amour et la coqueluche des sites de rencontre. Cloué au pilori par les mouvements sociaux, il est aussi fêté sous le nom de Mr. Right, activement recherché par les filles et les femmes. Le mâle blanc reçoit sans doute autant d'avances privées que d'invectives publiques. En un sens, sa position rappelle celle des aristocrates à la veille de la Révolution. Enviés et détestés, ces derniers formaient une classe privilégiée mais inquiète, décriée jusque dans ses rangs, car nombre de ses membres étaient acquis aux idées des Lumières. Alors que des nobles mettaient volontiers en cause leur propre légitimité, dans le même temps l'attraction du modèle aristocratique demeurait socialement active : la plupart des bourgeois qui en avaient les moyens faisaient tout leur possible pour s'agréger à cet ordre, par des voies légales ou non – soit en achetant des charges conférant la noblesse, soit en usurpant la particule et en trichant sur les quartiers. Avant la nuit du 4 août, Marivaux, Voltaire, Casanova ou Beaumarchais ont embelli leurs patronymes de particules auxquelles ils n'avaient pas le moindre droit.

La corrosion de l'idéal viril menace surtout les hommes ordinaires. La plupart sont amoindris. Ils cèdent aux injonctions de la doxa féministe, par conviction ou par intérêt. Certains ont intérieurement rompu avec les exigences du courage, si bien que l'instinct de protéger leur compagne leur est devenu étranger : cela n'évoque plus rien, ce sont des paroles de l'hymne national qui ont perdu leur sens, tout comme le sang dans les sillons. Dans l'imaginaire individualiste, passé la prime enfance, chacun doit se protéger lui-même. Prends soin de toi, compte sur toi. De tels hommes jugent absurdes les réactions chevaleresques à l'heure de l'égalitarisme. Ils ne croient plus que la force virile implique des devoirs particuliers, parce qu'ils ne croient plus à leur force virile. D'autres, de manière duplice, comptent se ménager un meilleur accès aux femmes contemporaines en adoptant leur langage sans pour autant partager leur credo. Ceux-là vont afficher un respect pointilleux de l'écriture inclusive et multiplier les concessions verbales pour se faire admettre dans les milieux féministes. Comme, dans ce cadre de pensée, leur lâcheté est irrépréhensible, de tels individus n'hésitent pas à dénoncer la « virilité toxique » des hommes courageux, ou le « sexisme bienveillant » des rares galants hommes qui persistent dans les bonnes manières. Certains vont jusqu'à se livrer à des efféminations de parade afin de décrocher le beau titre d'homme déconstruit. Inoubliable est la photo de Denis Baupin, arborant jupe et rouge à lèvres : ce député Europe Écologie Les Verts bravait fièrement le ridicule pour afficher son soutien au féminisme. Par la suite il fut dénoncé par huit femmes de son parti pour des agressions sexuelles. Depuis il a cessé de se dire féministe, pour se proclamer « libertin incompris ».

C'est aux deux extrémités du spectre que se découvre une résistance à l'air du temps, élégante dans un cas, monstrueuse dans l'autre. En haut de l'échelle, le mâle alpha persévère dans son existence bénie, « traînant tous les cœurs après soi », comme si le féminisme n'existait pas. Mais, au bas de l'échelle, l'homme que toutes les femmes rejettent menace aujourd'hui de se muer en criminel : c'est la genèse des Incel, acronyme d'*involuntary celibate*, ces perdants au jeu de l'amour dont la haine des femmes se déverse sur Internet. Leur logorrhée fait des émules. À quelques reprises, elle a débouché sur des tueries.

Le spectre de la guerre des sexes dérègle les relations d'un sexe à l'autre : certaines confondent bruyamment la vindicte et l'estime de soi, tandis que des hommes se contorsionnent pour passer sous leurs fourches caudines. Dans le même temps, l'institution du mariage se trouve fragilisée. L'indépendance économique donne aux femmes les moyens de sortir d'une situation conjugale devenue déplaisante ou morne, mais il existe une autre sorte d'indépendance, qu'on pourrait appeler l'indépendance domestique, qui ôte aux hommes le besoin d'y entrer. Dans une nouvelle de Boulgakov, située dans le Moscou des années 1920, un célibataire regarde avec fatalisme les boutons de son pardessus tomber un à un « comme des feuilles en automne ». Cette consternation n'est plus de saison. Jusque dans la première moitié du XXe siècle, un homme ne pouvait se passer des services d'une femme pour la cuisine, le soin du linge et l'entretien de la maison. En dehors de cas exceptionnels – forçats, moines ou marins –, les femmes étaient indispensables à la vie quotidienne. Ce n'est plus le cas. L'offre de plats cuisinés est pléthorique dans les villes et suffisante dans les campagnes grâce au maillage de la grande distribution et à l'équipement des particuliers en congélateurs. La braderie vestimentaire est permanente : on ne manque pas de textiles à bas coût, on croule dessous. Une femme peut se targuer d'améliorer le quotidien, en soignant l'hygiène et la décoration, en cuisinant maison à l'aide de produits bio. Les magazines féminins l'y incitent à longueur de numéro. Rendre la vie meilleure, ce n'est pas la même chose que rendre la vie possible. L'argument n'a pas la même force.

Au XVIIIe et au XIXe siècle, les hommes qui ne se mariaient pas restaient dans la dépendance de leur famille : c'était notamment le cas des cadets dans le monde rural. Les frères qui n'avaient pas les moyens de monter un ménage restaient vivre à la ferme, sous le joug des parents puis du frère aîné. Aussi la prostitution était-elle abondante, dans les campagnes non moins que dans les villes, pour répondre aux besoins de ces hommes sans épouse. Étant donné l'étroite complémentarité des tâches imparties aux deux sexes, seuls les rentiers pouvaient se payer le luxe de rester vieux garçons tout en jouissant de leur liberté. Eux étaient en mesure de payer les services d'une femme ou de plusieurs : gouvernante, servante et cuisinière à domicile. Flaubert ou les frères Goncourt donnent l'exemple du célibat artiste. La formule, rare alors, était appelée à un bel avenir.

Lettre après lettre, le courrier du cœur du *New York Times* décline « le refus d'engagement du mâle américain[1] ». Ce phénomène s'observe un peu partout en Occident, et jusqu'au Japon : pourquoi en irait-il autrement ? Les hommes n'ont plus l'obligation d'avoir une femme en propre pour se nourrir et se vêtir. Dans le même temps, les applications de rencontre leur permettent de satisfaire leurs pulsions sexuelles. À portée de clic, le sexe est gratuit, appréciable avantage sur le temps des Goncourt. Car payer une femme a toujours quelque chose d'humiliant. Mis à part Michel Houellebecq, ceux qui le font ne s'en vantent pas.

Le mariage est une institution fragilisée par ses deux extrémités. Les jeunes hommes n'ont pas l'intention d'y entrer. Grâce à leurs diplômes, les femmes ont les moyens d'en sortir. Elles s'en servent : en France 75 % des divorces sont initiés à la demande des femmes. Aux États-Unis, le chiffre est inférieur : 62 % ; mais il monte à 90 % parmi les femmes ayant reçu une éducation supérieure. La personne qui demande le divorce n'est pas nécessairement celle qui le provoque. Irène Théry le remarquait intelligemment : au lieu de s'inquiéter de ce que devient le divorce, disait-elle, il faudrait s'alarmer de ce que le mariage est resté. La sociologue pensait aux motifs affligeants des requêtes féminines – humiliations, injures, coups et blessures.

Nul doute qu'il y a des maris violents et des

1. Sur ce point, Eva Illouz, *Pourquoi l'amour fait mal. L'expérience amoureuse dans la modernité*, Paris, Éd. du Seuil, 2012.

maris alcooliques – ce sont souvent les mêmes. Cependant, puisque dans leur jeunesse ce sont les femmes, en majorité, qui cherchent à fonder une famille, il faut prendre en compte un autre motif : non pas la maltraitance, mais l'ennui ; la déception qui naît de l'écart entre le désir et la réalité ; la désespérance de tous les jours. Du moment qu'elles ont obtenu ce qu'elles désiraient, soit la reconnaissance qui est liée au mariage et l'expansion qui vient des enfants, certaines femmes se refusent à prolonger une cohabitation sans joie.

Apparemment, les jeunes femmes éprouvent toujours le désir de nouer des relations de couple, même si la manière d'y parvenir est moins lisible qu'au temps de Jane Austen. Dans sa recherche du meilleur partenaire, la jeune fille ne bénéficie plus de l'appui des parents ni des offices de la marieuse, ces auxiliaires rassurants, quoique souvent catastrophiques (les intervenants extérieurs ont toujours été des spécialistes du pied dans le plat). Aujourd'hui elle est seule. Si elle s'estime trop seule et qu'elle n'arrive à rien, elle pourra quêter l'appui anonyme des algorithmes.

Son désir, d'autre part, ne peut manquer d'être embarrassé : il n'est guère possible de l'avouer dans les milieux féministes où l'intention de se lier à un homme passe pour un désir de servitude volontaire (l'aveuglement de la jeunesse est la seule excuse). Or les milieux féministes ont fait tache d'huile : la société tend à devenir un milieu féministe. *Le Monde* égrène les témoignages de mères qui regrettent de l'être, et gare aux esprits chagrins, psychanalystes ou curés, qui trouveraient à redire à cette « libération de la parole », au nom de l'intérêt de l'enfant. L'intérêt de l'enfant n'est nullement supérieur à celui de la mère dont il dépend, et d'ailleurs les enfants vont très bien : les mères regrettantes ne sont pas rejetantes, apprend-on. Ce sont elles qui sont à plaindre, engluées, les malheureuses, dans un *baby blues* sans fin, aussi durable qu'informulable, puisqu'il fut jusqu'ici tabou. Difficile de lire dans ces témoignages autre chose qu'une mise en garde contre les désirs féminins spontanés : vouloir être aimée exclusivement, puis souhaiter avoir un enfant de qui vous aime à votre gré. Loin de reconnaître le caractère naturel de ces deux aspirations, la doxa féministe insiste sur leur caractère socialement construit et prédit les pires déceptions aux écervelées qui s'y laisseraient aller.

Une jeune fille qui cherche à poursuivre les buts de la féminité va à l'encontre de l'air du temps, au-devant de jeunes gens moins demandeurs que jamais. Cela exige de l'adresse. Fort heureusement, à côté du mariage, il existe une variété de formules qui ne passent plus pour déshonorantes : le Pacs, l'union libre ou le couple non cohabitant ne font plus froncer les sourcils. Ces paliers sont utiles, quand le but est d'apprivoiser un homme à une fidélité dont il n'a pas spontanément le goût, ainsi qu'aux responsabilités familiales qu'il est rarement pressé d'assumer, même s'il n'y est pas opposé : les hommes ont le temps et le sentiment d'avoir le temps, au contraire des femmes, dont l'horloge biologique ne se laisse pas oublier, et dont la fertilité baisse à partir de vingt-huit ans. Or l'âge de la première maternité n'a cessé de reculer : en 2023, il dépassait trente ans. La question de l'enfant est donc devenue un motif d'angoisse pour la plupart, qu'il faille mettre en cause l'allongement des études ou la difficulté de nouer des liens durables. On entre difficilement dans la famille, et on y entre par degrés. Dans la moitié des cas, le premier enfant naît hors mariage, et la régularisation n'intervient qu'après coup.

3

Qu'appelle-t-on privé ?

Le désinvestissement au travail ne s'est clairement pas accompagné d'un surinvestissement dans la vie privée, du moins telle qu'on la définissait autrefois, quand elle renvoyait tout bonnement à la vie sentimentale et familiale. Le monde du travail et la sphère familiale semblent pâtir en même temps. On peut se demander si la vie privée s'est réduite ou si elle s'est déplacée : dans le second cas, elle ne tiendrait plus, ou plus exclusivement, aux liens humains élémentaires qu'un individu est capable de nouer.

Étymologiquement, « privé » a d'abord signifié « familier ». Dès la fin du XIe siècle, un homme privé est un familier, qui vit dans l'intimité de quelqu'un. La « meisnée privée » est la suite d'un seigneur : sa maisonnée formée de ses intimes. Enfin, une « privée personne » désigne quelqu'un qui n'a pas de part aux affaires publiques. Le sens actuel s'est donc fixé très tôt dans la langue : on trouve dès l'origine l'opposition de l'intime et du public, du dedans et du dehors, du proche et du lointain.

Mais quel degré de familiarité définit ma vie privée ? Évidemment, les inconnus que je croise dans les rues ou dans le métro n'en font pas partie. Ceux-là sont des indifférents, comme un film à l'arrière-plan de mes trajets. Je ne les remarque pas, sauf s'ils me paraissent dangereux. Quand de la place m'est laissée, je m'écarte d'eux, surtout si une annonce de la Régie prévient les voyageurs que « des pickpockets sont susceptibles d'opérer dans la station », ou si un article récent relate qu'une fois de plus un fou a poussé une personne sous une rame. Sinon, je les oublie. Les poètes peuvent rêver d'un rapport immédiat à l'inconnue de passage, « Ô toi que j'eusse aimée / Ô toi qui le savais ». Ce sont des rêveries masculines, à l'irréel du passé. Les révolutionnaires, les utopistes et les chrétiens réclament qu'on regarde tout un chacun comme un frère. Dans la réalité, entre les passants, le rapport est rarement effectif. Le but n'est pas la rencontre, mais la fluidité des trajets. Le tout-venant est le contraire de l'intime.

Que dire de mes collègues ou de mon supérieur ? Leurs visages me sont parfaitement familiers, sans qu'ils fassent pour autant partie de ma vie privée. Contrairement aux passants, ils sont bien présents : je connais leurs noms, je reconnais leurs traits, et ils ne représentent pas un danger.

Au pire, ils risquent d'être un embarras par les demandes qu'ils m'adressent et le surcroît de travail qu'ils peuvent requérir. Ils sont éventuellement vexants, s'ils ne m'estiment pas à la hauteur de la tâche. Même si nous affichons des objectifs communs, nous nous gardons mutuellement des empiétements : une part de notre relation est défensive. C'est pourquoi, en général, les collègues ne deviennent pas des intimes. Des exceptions peuvent se produire, surtout parmi des personnes de même rang hiérarchique, entre lesquelles il n'y a pas de hargne compétitive, ni de condescendance humiliante. On se rapproche par des plaisanteries ou des confidences, on accepte les invitations. Cependant, la plupart des relations de travail sont distantes : ce sont des fréquentations subies.

Le statut est plus incertain concernant les partenaires de loisirs, ceux avec qui je partage des jeux, des vacances ou des compétitions sportives. Ils sont forcément l'objet d'un choix. Il faut au moins que leurs intérêts correspondent aux miens, ainsi que leur niveau, dans les sports ou les jeux, sinon la partie sera frustrante : ennuyeuse pour l'un, vexante pour l'autre. Ils font partie d'un cercle intermédiaire, plus proches que les collègues, sans être aussi familiers que les intimes ou les gens de la maison.

Le privé est donc relatif : telle relation est plus privée que telle autre. Entre les cercles différents se produisent des chevauchements. Ce sont tantôt de bonnes surprises, tantôt des désagréments. Même si j'aime bien mes étudiants, je ne tiens pas à être vue par l'un d'eux quand je taille la haie du jardin. Amis, collègues et connaissances ne forment pas une belle ordonnance concentrique, plutôt un ensemble indécis et mouvant. Le cercle des proches n'est ni fixé ni fermé, il se déforme et se reforme, au fil des départs, des brouilles et des morts. Vient un jour où le cercle ne se reforme plus, quand on n'a plus le désir ou la souplesse d'accueillir de nouveaux visages. Il en va de l'amitié comme de la musique : c'est dans la jeunesse qu'on s'éprend des airs et des gens. On éprouve, l'âge venant, qu'il existe une arthrose des sentiments. La plupart des vieux sont condamnés à vivre de souvenirs.

Ce qui est familier, objets et visages, est essentiellement sans danger. C'est la collection des êtres et des choses dont j'ai l'habitude. Si j'ai pu en prendre l'habitude, c'est qu'ils ne me menaçaient pas. Le danger commence au-delà des routines et des relations courantes. C'est ce que n'infirme pas mais prouve *a contrario* la notion freudienne d'*Unheimlichkeit.* Quand l'inquiétante étrangeté surgit – devant la maison, les oiseaux massés sur le fil télégraphique, le succube sous le lit, l'alien dans la salle de bains –, elle prend au dépourvu. Elle est d'autant plus angoissante qu'elle est aberrante : ici, normalement, *elle n'a pas lieu d'être.* La menace qui survient au sein du monde habituel, en principe pacifié, détruit la confiance qu'on mettait en lui.

Ce n'est pas un péril auquel on se confronte, qu'on est allé chercher avec plus ou moins de vaillance, c'est un péril qui vous prend en traître, qui s'infiltre dans la sphère où l'on n'a aucune raison d'être sur ses gardes, où l'inattention est permise (la douce distraction, la rêverie). Le familier est la zone du monde que je connais assez pour penser à autre chose. Mais ce monde où je baisse la garde n'est pas encore le privé : c'est ce qui le contient.

Le privé c'est, au sein du familier, la part que j'enclos et que je fais mienne, ou reconnais comme étant mienne. Ce sont les êtres et les choses qui tiennent à moi et auxquels je tiens, qui m'appartiennent et à qui j'appartiens, et non seulement les êtres, mais, au fur et à mesure des années, les meubles, les tissus, les images dont j'hérite ou que j'ai choisis, qu'on m'a donnés et que j'ai gardés – par hasard, par goût ou par fidélité –, et qui ont traversé, à mes côtés, mon temps de vie. Est privé ce qui, du familier, s'est inscrit dans le cercle de l'intimité, et s'y est trouvé conservé.

En un autre sens, le mot « privé » n'a plus trait à ce qui est familier, mais au caractère confidentiel. Ainsi les conversations avec un avocat sont censées demeurer privées, de même les symptômes qu'on présente au médecin (ces professionnels pouvant être des inconnus : très intimidants, nullement familiers).

Est privé ce qu'on soustrait au regard extérieur, parce qu'on tient à protéger ses parties vulnérables.

Les points faibles demandent la confidentialité. Le secret médical pare à la curiosité intéressée des recruteurs, des employeurs, des assureurs, le secret du barreau garantit des pires attaques venant de la partie adverse (les pires attaques, ce sont les attaques informées).

Indépendamment de ces risques objectifs et bien identifiés, à un niveau psychologique le besoin du retrait existe, pour se protéger d'atteintes moins identifiables. Les micro-blessures, les vagues vexations. En fermant sa porte, on se préserve de l'humiliation. Entrant pour la première fois dans l'appartement de Proust, Robert de Montesquiou s'exclame : « Ce que c'est laid, chez vous ! » Modèle du baron de Charlus, Montesquiou est un cas extrême. Il n'est pas nécessaire que les autres soient blessants pour qu'on éprouve le besoin de les tenir à distance : il suffit qu'ils soient autres.

Le secret est la condition de la vie mentale, qu'elle soit érotique ou intellectuelle – un secret provisoire et relatif, jusqu'à ce qu'il soit levé au bénéfice des intimes, des proches puis des moins proches. Ce secret, qui n'est pas absolu, est la condition du perfectionnement : un acteur ne souhaite pas qu'on l'observe tandis qu'il apprend son rôle ; un pianiste n'aime pas qu'on l'écoute quand il déchiffre une partition. Ce n'est pas que le pianiste veuille rester éternellement seul, arrimé à son instrument. Il compte bien paraître un jour, mais seulement quand il sera prêt. Le retrait protège les formes d'art à l'état naissant : ce qui s'exerce, ce qui tâtonne, ce qui commence.

Le privé est ce qui ne se partage pas, afin d'être, mais aussi afin d'advenir : il est au foyer de la transformation, ce retrait qui permet l'apparition future. Tout ce qui existe à l'état naissant a besoin de protection, les enfants comme les œuvres. Tout ce qui commence veut un abri. Il ne s'agit pas de hiérarchiser, en mettant la préparation au-dessus de l'exécution, le brouillon au-dessus du chef-d'œuvre, et généralement l'inchoatif au-dessus de l'achevé. Il n'y a, du reste, aucun mal à vouloir se rendre public. Selon Hannah Arendt, c'est même le contraire, car le sens du réel dépend, dans son système, du caractère public de nos œuvres, de nos paroles et de nos actions. Seule la pluralité humaine confère une réalité à ce que nous sommes. Les choses intimes n'en acquièrent que lorsqu'elles s'extériorisent, le plus souvent partiellement, par le récit qu'on en fait.

Arendt inverse la hiérarchie romantique entre l'authenticité intérieure et la facticité de l'apparence : c'est au grand jour, sous l'attention de tous que les choses gagnent consistance. Dans sa perspective politique, c'est l'apparence qui est vraie, tandis que les expériences essentiellement personnelles comme la douleur ou l'agonie (il faudrait ajouter l'orgasme) sont condamnées à rester subjectives. Parce qu'elles sont presque impartageables, si intenses soient-elles, elles demeurent irréelles

« parce que notre sens du réel dépend entièrement de l'apparence, et donc de l'existence d'un domaine public où les choses peuvent apparaître en échappant aux ténèbres de la vie cachée, le crépuscule lui-même qui baigne notre vie privée, notre vie intime, est un reflet de la lumière crue du domaine public[1] ».

Les quatre murs sont nécessaires, certes. Ils sont indispensables à l'entretien, à la protection et à la reproduction de la vie : ils répondent donc aux nécessités physiologiques – rien de moins. La présentation d'Arendt fait disparaître le contraste entre les tâches du foyer et le travail à l'extérieur, les unes et l'autre également voués à la réparation des forces vitales. Tout en les jugeant tous deux indispensables, Arendt les enveloppe du même discrédit. La maison et l'usine sont les lieux de l'invisibilisation, à l'inverse de l'action politique où les êtres humains apparaissent les uns devant les autres. Sa catégorisation ne rend pas compte de l'expérience élémentaire : ordinairement on peine à aller travailler, on aime mieux rester chez soi. Il est presque universel de préférer les week-ends aux jours de semaine. Si Arendt n'en tient pas compte, c'est que selon elle l'exercice de la liberté suppose de se dégager de ces contraintes biologiques. Le confinement dans le foyer signifie routine et néces-

1. Hannah Arendt, *L'Humaine Condition*, Paris, Gallimard, coll. « Quarto », 2012, p. 100.

sité, l'une et l'autre étant liées, puisque la routine est là pour répondre aux besoins toujours renaissants. L'asservissement à la routine et la soumission aux besoins vont de pair. Par conséquent, paraître au grand jour requiert une forme d'audace : « Même de quitter la sécurité protectrice de nos quatre murs et d'entrer dans le domaine public, cela demande du courage, non pas à cause des dangers particuliers qui peuvent nous y attendre, mais parce que nous sommes arrivés dans un domaine où le souci de la vie a perdu sa validité[1]. »

Cette séparation tranchée va de pair avec une relative dévalorisation du privé, assigné une fois pour toutes à « la sécurité du processus vital », ou à son enjolivement grâce à des arts mineurs. Selon Arendt, ces raffinements ne fleurissent guère que dans les pays que la vie politique a désertés. C'est le sens de sa critique de la France. Le pays qu'elle rencontre après avoir fui l'Allemagne nazie, en 1933, lui apparaît comme la patrie des « petits bonheurs », où l'attrait de la vie privée a remplacé la grandeur passée : « Cet épanouissement du privé, cet enchantement, pour ainsi dire, de tout un peuple, ne fait pas un domaine public, mais au contraire signifie seulement que le domaine public s'est presque entièrement

1. H. Arendt, *La Crise de la culture*, in *L'Humaine Condition*, *op. cit.*, p. 203.

résorbé et que la grandeur a partout fait place au charme[1]. »

On peut se demander s'il est vrai que les Français ont développé le goût des bonheurs privés pour compenser la perte de « leur domaine politique autrefois glorieux » : ce jugement à l'emporte-pièce fait de leurs « petits bonheurs » un lot de consolation. On peut envisager qu'à l'inverse, ces agréments soient la menue monnaie de la gloire passée : non pas sa compensation, mais sa trace. Son résidu, et non son substitut.

Outre son appétit pour la gloire militaire, l'aristocratie française avait développé un art de vivre. Ses exigences en matière d'habillement et de présentation corporelle, son engouement pour la parfumerie ou les raffinements culinaires ont commencé à se diffuser dans le tiers état, dès avant la Révolution. À Paris, des jeunes filles non titrées prennent des cours de danse, non pour devenir danseuses mais pour apprendre le maintien. L'empire de la mode, si souvent moqué, assure la propagation des raffinements accessibles. Tous, bien sûr, ne le sont pas. Tandis que les progrès de l'architecture intérieure restent l'apanage des plus

1. *Ibid.*, p. 101. On trouve chez Koestler une appréciation plus compréhensive envers la France de l'entre-deux-guerres, encore rurale, appauvrie par les années de guerre. Arthur Koestler, *La Lie de la terre* (1941), in *Écrits autobiographiques*, édités par Phil Casoar, Laffont, coll. « Bouquins », 1994.

fortunés, le peuple des villes prend le goût des bibelots et des tissus, des gravures par lesquelles les sites sublimes et les personnages célèbres deviennent enfin figurables. Au péril de la frustration, au risque de l'envie, le regard s'éduque devant les boutiques du Palais-Royal ou les peintures du Salon du Louvre que le roi ouvre au public, tous les deux ans, à la Saint-Louis.

Quels que soient les progrès de cette éducation du goût, il faut concéder le caractère limité des bonheurs domestiques, et surtout le risque de se suffire de cette limitation : de s'y installer en tournant le dos au monde. Se contenter de ce qu'on a est une marque de sagesse. Incontestablement, c'est un avantage de se plaire chez soi. Cependant les pavillons français qui s'appellent Sam Suffy donnent un argument à la critique d'Arendt.

Il faut accorder à Arendt que ce qui est d'ordre privé compte moins que ce qui est public : cela concerne moins de monde et les enjeux sont moindres. Avant de parler de discrédit du privé, il faut reconnaître son absence de crédit, relativement à ce qui est public, ou seulement professionnel. Le privé est ce qui me regarde, et dont par conséquent les autres n'ont rien à faire. Je ne peux me vanter d'aller voir ma tante qui habite à Lyon, à moins que ma tante soit une personnalité connue, et qu'il soit enviable d'avoir accès à elle. Si ma tante n'est que ma tante, sa fréquentation est indifférente, et tout le monde se moque que j'aille la voir ou non.

En revanche, à supposer que je me rende dans cette même ville avec un argument de travail (je participe à un forum d'entreprises, j'interviens dans un colloque, je représente une firme dans un Salon...), si j'en fais état, inévitablement je m'en vante. Ce qui est public me confère de l'importance. Après tout, il s'est trouvé quelqu'un pour payer mon voyage en train.

Si l'insignifiance de la vie privée est un fait avéré du point de vue du monde extérieur, sa minoration est un trait commun des périodes politisées. « Vie privée, privé de vie » fut un graffiti de Mai 68. Non seulement l'essentiel se joue ailleurs, dans l'action collective, mais l'inessentiel est suspect. Parce qu'il détourne de l'action, il n'est pas superflu, il est nocif.

Il est valeureux, il est parfois glorieux de se rendre public, à condition de comprendre qu'on perd forcément une part de ce qu'on abandonne au grand jour : tout ce qu'on expose de soi cesse en partie d'être sien. Le poème, le tableau, la confidence se détachent. On ne les rattrapera pas, on ne les remaniera plus. Pour que les pensées soient fluides et les désirs vivants, il faut disposer d'un espace qui ne sera ni traversé ni tracassé : une chambre à soi est, comme on sait, la condition des œuvres à venir. La protection des murs est aussi vitale pour l'intimité amoureuse que pour la création tout court.

4

Quelques conditions historiques

La possibilité d'avoir une vie privée fut une longue conquête. Nous y sommes tellement habitués que nous en oublions le prix. Ce type d'existence suppose une opulence, inconnue de nos ancêtres : quelle vie privée pour une famille d'ouvriers tisserands au XVIIIe siècle, entassés dans une seule pièce, où le métier à tisser occupe presque tout l'espace ? Pour une famille de paysans où les enfants font lit commun pour se protéger du froid ? À la ferme, la pièce unique fut longtemps la norme. La cloison était faite pour séparer les humains des bêtes, et non pas les humains entre eux. C'est toujours le cas dans les habitats collectifs comme la yourte ou l'igloo. Pour les époux, l'union sexuelle est plus contrainte et plus rare : elle impose un tour de rôle.

La vie privée suppose un luxe d'espace, mais ce n'est pas le tout. Elle demande des aménagements particuliers. Jusqu'à la fin du XVIIIe siècle, sauf dans le cas du plan en étoile, on devait traverser une chambre pour accéder à la suivante. Et certes la dernière, la pièce du fond, permettait d'être tranquille, mais non sans inquiétude : la pièce du fond était occupée par le cabinet où l'on conservait l'argent et l'or, en ces temps où la monnaie métallique était la norme. C'est aussi là qu'on serre ses secrets dans le meuble conçu à cet effet – le secrétaire. Mis à part l'homme de confiance, les domestiques n'y entrent pas. C'est le lieu de la conservation des biens, non de l'invention de soi. Le risque auquel il faut parer, ce n'est pas le viol de l'intimité, c'est le vol.

À cet inconvénient remédie la création du couloir desservant diverses pièces. Indiscutablement, la jouissance d'une chambre sans passage fut d'abord un luxe de privilégiés. Si le couloir a fini par se généraliser, c'est que les riches sont généralement dénigrés puis imités – méprisés et copiés, tel est leur sort (bien peu de gens sont capables de suivre le conseil de Jules Renard : « Il n'est pas nécessaire de mépriser le riche, il suffit de ne pas l'envier »).

Avant que ces aménagements se généralisent, il n'y avait pas moyen d'être seul bien longtemps. Peut-être n'en éprouvait-on même pas l'envie. Comment désirer un état dont on n'a pas l'idée ? Jadis, seules les actions corporelles honteuses étaient soustraites à la vue : défécation et fornication demandaient l'isolement, et encore, elles ne l'obtenaient pas toujours : à la campagne, il n'était pas rare de faire ses besoins en plein air. Cela arrivait même en ville : Casanova note qu'à Londres il était fréquent que les gens « soulagent leurs entrailles le long d'une rue ou contre un mur au vu de tous les passants[1] ». La notation implique que dans les autres villes qui lui sont familières, notamment Venise et Paris, cette indécence était absente ou du moins rare. La promiscuité urbaine ne permet pas toujours la pudeur. Jusqu'au XVIIIe siècle, les toilettes s'appelaient le *privé*, signe qu'il ne fallait guère espérer ailleurs se soustraire au regard d'autrui. (Il ne faut pas déduire de leur autre nom, lieu d'aisances, que le bien-être n'existait alors qu'à cet endroit. « Aisance » vient du latin *adjacentia*. Le cabinet d'aisances est la petite cabine adjacente à la maison.)

Il n'est pas certain que le besoin d'intimité soit général. Les êtres humains ne paraissent pas si malheureux de vivre en groupes, ni si pressés de faire l'essai des formes de séparation qui nous sont devenues familières. Même de nos jours, ils ont plutôt du mal à se démêler de la chaleur familiale, à quitter pour de bon la sécurité du clan. La première expérience de l'immigré arrivant dans une capitale occidentale est la solitude. Elle l'étonne. Le plus souvent, elle lui pèse. À chacun la vie a été

1. Cité par Bill Bryson, *Une histoire du monde sans sortir de chez moi*, Paris, Payot, 2014.

donnée en compagnie des siens : c'est sa forme initiale, éprouvée comme naturelle. L'individualisme est clairement un goût acquis.

Même à supposer que le besoin d'intimité soit général, il apparaît d'abord en haut de la pyramide sociale. C'est le cas lorsque Louis XV fait construire les petits appartements pour soustraire sa personne à l'ostentation permanente qui était de règle à Versailles. Rompant avec la visibilité que s'était imposée Louis XIV, il fut soupçonné de chercher à couvrir ses écarts de conduite. Son arrière-grand-père ne les cachait pas, produisant partout sa maîtresse, Mme de Montespan : « une beauté à montrer aux ambassadeurs », persifle Mme de Sévigné. Alors que Mme de Montespan se tenait aux côtés du roi dans la chapelle de Versailles pour écouter les sermons de Bossuet, Louis XV dissimule ses jeunes maîtresses hors de Versailles, au Parc aux Cerfs. Le peuple qui s'incline devant l'adultère public s'excite à propos des plaisirs cachés. Ce qui scandalise n'est pas tant ce qu'on voit que ce qu'on imagine. Ce n'est pas malgré sa réserve, mais à cause d'elle que Louis XV est devenu impopulaire. Se cacher, c'est avoir des choses à cacher. La même présomption devait ternir plus tard la réputation de Marie-Antoinette lorsqu'elle choisit de s'isoler au Petit Trianon : le goût du secret vient sans aucun doute du besoin de couvrir des vices, la vie privée, quand elle n'est pas strictement familiale, est forcément propice à d'inavouables privautés.

Le soupçon général à l'encontre de ceux qui s'écartent part du préjugé que le secret couvre toujours un mal. Or l'idée neuve et la vie mentale recherchent aussi la solitude. Si le secret ne cache pas toujours un mal, il est vrai que le mal a presque toujours besoin du secret (il ne s'en dispense que pour terrifier). C'est pourquoi le projet d'un dévoilement intégral des pensées et des actions fait régulièrement retour. Chaque fois c'est pour le bien que ce projet revient, qu'il s'agisse d'un bien au sens de la morale, de la société ou de l'État. Dévoiler aura pour but d'empêcher les menées souterraines des pères incestueux et des maris sadiques, des trafiquants et des maffias, des factieux et des terroristes. Le ressort de la traque est la promesse d'un rétablissement prochain de la justice et de la paix. L'emportement vers la transparence va de pair avec la conviction qu'il faut agir vite parce que le crime est sur le point de l'emporter, conviction répandue. C'est ce qui a fait la fortune des théories de QAnon. Les zélateurs de QAnon ne s'en doutent pas, mais leur crédulité à propos du mal, loin de les placer dans le camp du bien, est un autre tour du mal.

5

Asymétrie des sexes, division des attentes

Nous jugeons collectivement que le retrait, la protection de la vie privée et la sécurité d'une clôture sont bénéfiques. Contrairement aux femmes, les hommes ont quelque mal à s'en persuader ; ils sont attirés par les idées opposées de l'intimité publique et de l'amour sans lien. L'image de l'amour au grand jour n'a pas attendu les *bed-in* de Lennon et Yoko Ono. C'est un fantasme récurrent. Il explique la fascination pour une nouvelle de Simenon, *Dans le train*, où un homme marié, mais séparé de sa famille dans le désordre de l'exode, se retrouve à faire l'amour avec une jeune femme inconnue dans la promiscuité d'un wagon bondé. Cette liaison, au vu et au su des autres passagers, dure le temps du voyage. Aberrante selon les critères de moralité courants, elle est divinement heureuse : pour les deux protagonistes, elle suspend les conventions sociales, la réalité de la guerre, le cours du temps. Point de lendemain, *no strings attached*, la nouvelle de Simenon déroule la réalisation sans accroc du fantasme masculin, ce que la fin tragique de la nouvelle n'efface pas. Le héros de retour dans sa famille n'ouvre pas la porte à la jeune inconnue quand elle vient requérir son aide pour cacher un résistant. Il apprend par la suite qu'elle a été exécutée par les Allemands, ainsi que le résistant. La nouvelle s'achève en queue de poisson sur la culpabilité masculine, mais sa force d'attraction ne tient pas à la lâcheté et à l'impuissance finales. Elle tient à l'image saisissante de l'intimité immédiate, quasi publique. L'inconnue du train est la femme dont les hommes rêvent, celle qui inspire l'amour au premier coup d'œil, qui l'exauce et qui s'en va. Rien, chez elle, qui attache ou qui englue. Depuis Schopenhauer au moins, les hommes ont appris que la femme est un piège : le calice qui fait glisser du désir errant au tiède bouillon de la vie de famille. Et pourquoi le nier ? À de rares exceptions, la tendance des femmes est en effet de susciter le désir pour fomenter la durée.

Fonder une famille et tenir un foyer, c'est enclore ce qui est bel et bon, non pas en général, de l'avis des experts et des musées, mais à mon sens : ce qui est bel et bon pour moi. Tel est le but de chaque femme, que l'échec n'infirme pas : la flèche qui se perd n'abolit pas la cible. Dans la formation des couples, le désir d'être heureux est la visée, ce qui n'offre bien sûr aucune garantie de résultat. Tout le monde a connu des familles infernales, des logements négligés, et des couples qui tanguent d'une scène de ménage à la suivante, au point qu'ils deviennent incapables d'imaginer autre chose – la réalité de la vie familiale, croient-ils, c'est l'ennui ou l'affrontement. La paix des ménages leur semble un conte de bonnes femmes. Eux savent d'expérience ce que c'est que la vie adulte, ils s'enorgueillissent de ne pas croire au père Noël.

Cependant, le fiasco à l'arrivée ne change rien à l'aspiration initiale, et ne lui retire pas sa validité. Personne n'entre dans la vie commune pour découvrir l'enfer chez soi. L'être qu'on choisit et par qui on est choisie, on le voudrait excellent. Autant que le permet le trouble de la rencontre, on détaille ses qualités, on les passe en revue, on s'en enchante. Quelle que soit la part d'illusion dans l'émotion des premiers jours, au moment du choix d'un partenaire, on cherche le meilleur pour soi. Certes, on peut se tromper sur ce qu'est le meilleur, à preuve ces reines de beauté sud-américaines qui prennent régulièrement le chef d'un cartel pour le prince charmant – funeste erreur. Fonder un foyer, c'est se lier à celui ou celle dont on imagine qu'on pourra l'aimer toujours, et fermer la porte aux duretés du monde. Dehors sont les indifférents, à la maison tous ceux que j'aime, par un partage qui revient à mettre le malheur dehors.

L'asymétrie des sexes se marque particulièrement dans le rapport à l'intérieur ; tout le monde a une vie privée, ce n'est évidemment pas un monopole des femmes, mais le soin de l'entourer d'une enceinte est une caractéristique féminine : la maison est l'œuvre des femmes. Ce n'est pas vrai des femmes jeunes, qui se soucient exclusivement de plaire par le visage et par le corps. Souvent même elles tournent leur incompétence en plaisanterie. Élever des troupeaux de moutons sous les meubles, dégivrer à la dynamite sont des images qui les amusent. C'est souvent une ruse de se déclarer souillon pour s'entendre dire qu'on est la plus jolie : le manège des Cendrillons. Le charme des jeunes femmes est collé sur elles, à même la peau : il ne se dilate pas encore jusqu'aux murs de la maison. Non pas les murs extérieurs, les femmes sont rarement bâtisseuses ; les murs intérieurs qui protègent l'intimité et font présager sa durée.

Il revient aux femmes de créer un intérieur vivable. On dirait qu'elles le pressentent, et quand elles y parviennent, c'est comme si elles avaient toujours su qu'elles en avaient la puissance. La tenue du foyer fait leur fierté ; à l'inverse, sa malpropreté et son négligé leur font honte si jamais un regard extérieur les surprend.

Les femmes peuvent passer par-dessus cette honte, parce qu'elles ont mieux à faire ou qu'elles sont débordées. Elles ont mille raisons de ne pas y arriver : la pauvreté, la fatigue, le travail à l'extérieur. Le féminisme est là pour les réconforter dans leurs déboires : pourquoi auraient-elles à assumer ces tâches domestiques en plus du reste ? Et cependant, sous les couches de bonnes raisons, la honte est là. Le désordre de la maison est leur échec. Un homme ne s'en soucierait pas. Sans en être toujours conscient, il estime ne pas avoir à être jugé là-dessus : ce n'est pas son truc. C'est pourquoi l'opinion des autres ne l'atteint pas. D'un trait, Naipaul esquisse le mode de vie, dans sa chambre, d'un migrant fraîchement arrivé en Europe : « l'alcool et la musique, les deux ressources de l'homme seul ». Un tel homme ne cherche pas à habiter l'intérieur précaire dans lequel il est tombé : il ne l'arrange pas, il s'arrange pour le fuir. Dans la même situation, une femme accroche des rideaux, emprunte un réchaud, fait tremper son linge dans le lavabo. Elle ne s'échappe pas, elle s'installe.

Il va de soi qu'un homme peut avoir des traits féminins, ou même être plus féminin qu'une femme. Reste qu'en moyenne, ils ne le sont pas. Le soin d'ôter la poussière ou de mettre des fleurs dans un vase est généralement perçu comme féminin, de même que le goût de décorer un intérieur. On ne s'étonne pas si un décorateur est homosexuel, mais plutôt s'il ne l'est pas.

Et encore : regarder la pièce comme un tableau à trois dimensions, c'est la mission du décorateur, et c'est évidemment une forme d'art. Mais, tandis qu'il se charge d'embellir, l'habitant quant à lui cherche à se faciliter la vie. Ce sont des buts différents. La vision du décorateur est un instantané, le maintien d'un décor est une autre histoire. Au fil du temps, l'ambiance de la maison prend le dessus, le projet initial s'infléchit dans la routine d'habiter. Il se change en cette autre chose, qui ne relève pas seulement de la vue. La demeure idéale n'est pas celle qu'on regarde dans les magazines, avec envie et admiration. La demeure idéale est une maison qui tourne.

Cet ensemble de pièces est une tresse de plusieurs rythmes, ceux des repas et des repos d'abord, ceux des matins et des soirs, des jours de loisir et des jours de ménage. Il y a la chambre rideaux tirés, et la chambre fenêtre ouverte, quand la fraîcheur de l'air submerge et change d'un coup l'humeur de la pièce. Il y a le jour du lavage des couettes où tout est sens dessus dessous. Il y a le tempo des urgences : l'aspirateur, terreur du chat. L'eau qui va déborder pour le bain des enfants, la poubelle à sortir et le dîner qui brûle. Et, tout différents, il y a les soirs d'invitation quand la maison se guinde, au garde-à-vous pour être vue. Alors, pour peu de temps, elle redevient décor. La femme est le régisseur de cette pièce, faite de tâches récurrentes et de haltes. Une maîtresse de maison est celle qui maîtrise sa maison : non pas la maison qu'on regarde en artiste, la maison qui tourne.

L'entretien d'un intérieur n'intéresse guère les hommes et, s'ils s'y impliquent, c'est par complaisance. La complaisance est bien sûr une heureuse disposition, dans un couple, mais elle n'a pas les mêmes effets qu'un intérêt personnel. Quand un homme fait le ménage, son plaisir est indirect : il est fier d'aider sa femme, elle est fière de son chez-soi.

(Même s'il aide, intérieurement il sourit de cette faiblesse féminine ; ces minuties, ces maniaqueries, l'envie de faire briller les vitres et les cuivres… Quant à lui, une tanière irait aussi bien.)

DEUXIÈME PARTIE

SCÈNES DE LA VIE DE FAMILLE

6

L'amère expérience de la division

En principe la maison est le lieu du monde où règne l'affection. Certes, on peut avoir une expérience désastreuse – des enfants qu'on voudrait fuir, un mari dont on se défie. Inversement, il se produit parfois dans le monde extérieur des élans de sympathie complètement inattendus. Nul doute que dans la réalité les choses peuvent tourner mal, et le partage se brouiller. S'il arrive que les proches se transforment en étrangers, ils deviennent pires que des étrangers, puisque par le sang ou par l'habitude, ils restent proches. Ce sont des étrangers qui ne se laissent pas quitter. On voudrait aimer encore l'enfant qui se ferme, l'adolescent qui se drogue ou le mari qui ment. Si une séparation finit par avoir lieu, on continue de souffrir par eux, comme d'un membre fantôme après amputation. Est-ce un argument contre l'attraction initiale ? Il est vrai que les proches ont la capacité de trahir, mais ne l'a-t-on pas soi-même ? C'est ce que rappellent les mots d'une chanson douloureuse :

I cheated myself
Like I knew I would.

Dans ce refrain d'une chanson *trash*, intitulée fort justement *You know I'm no good*, Amy Winehouse rejoint l'esprit du célèbre vers qu'Ovide a mis dans la bouche de Médée :

Video meliora proboque deteriora sequor[1]

La haine de soi correspond à la reconnaissance consternée du malheur qui vient de soi ou, pour le dire en termes plus rudes, à la découverte du mal en soi. À petite échelle, c'est une expérience des plus courantes. Elle accompagne la moindre de nos addictions : pourquoi est-ce que je fume ? Pourquoi est-ce que je mange alors que je voudrais mincir ? Qu'est-ce qui m'a pris de boire ce verre de trop ?

Chacun connaît ses manquements. On s'est débarrassé pour un soir du fardeau d'être soi, c'est à cela que servent les drogues. On s'est donné un but, qu'on a abandonné par caprice. Ou, plus platement, on s'est fixé une tâche qu'on n'avait pas les moyens d'accomplir. Échouer, c'est n'être pas à la hauteur de l'idée qu'on avait de soi. S'en vouloir, c'est faire l'épreuve de la division interne.

1. Ovide, *Les Métamorphoses*, VII, 20. « Je vois le bien et je l'approuve, et je fais le mal. »

Être divisé n'est pas forcément un mal, du moment que la division ne tourne pas à la déloyauté résolue envers l'entourage. Pour que la division soit féconde, il faut qu'elle reste inconfortable, instable et provisoire : il faut qu'on ne s'y installe pas. Toutefois, sans division interne, on ignorerait le remords qui est une des deux sources du progrès moral (l'autre est l'admiration des êtres vertueux, et l'enthousiasme pour leurs actions).

Quand cette division atteint le soi, elle a quelque chose de mystérieux. La forme pronominale n'a rien d'étonnant quand le sujet du verbe se rapporte à son propre corps comme à l'objet de l'action : se nourrir, se laver, se peigner, autant d'actes qui vont de soi. Mais, quand la forme pronominale indique une division de l'âme, la personne se trouve pour ainsi dire des deux côtés de l'action verbale : s'en vouloir, se mentir ou se fuir sont les marques dans la langue de cette division intérieure qui n'est pas toujours bénéfique ; elle peut s'approfondir jusqu'au désespoir qui exclut tout progrès, car la haine de soi ne profite à personne.

Puisqu'on peut devenir l'ennemi de soi, il faut en conclure qu'aucune proximité ne prémunit contre l'inimitié, pas même la plus grande proximité. Si la famille devient invivable, si l'être qu'on aimait se transforme en bourreau, cela ne change pourtant rien à l'ordre souhaitable, qui consiste à mettre les bons sentiments au plus près de soi et à se défendre contre l'extérieur. Autrement dit :

enclore le bien. La bonne organisation ne consiste pas à en finir avec le mal, vœu pieux, mais à l'éloigner le plus possible. De même que la santé mentale consiste à vivre en amitié avec soi, de même la vie familiale consiste à s'entourer de personnes qu'on puisse aimer. Ce n'est pas dire qu'on les aimera toujours et continûment : nulle affection ne va sans variation. Il n'empêche que la raison d'être de la vie de famille, c'est de développer sa capacité d'aimer, de cultiver et de faire croître, autour de soi, des attachements différenciés.

Il est parfaitement inutile de nier l'existence de l'inimitié, de l'envie, de la haine. Outre les individus mal intentionnés, il y a des gens insupportables, soit qu'ils soient odieux en eux-mêmes, soit par incompatibilité d'humeur. De tels sentiments, de telles personnes, il faut les mettre dehors. Spinoza juge que l'État est bien gouverné quand il est doté d'une armée puissante et d'une police réduite. C'est que la présence d'un ennemi de l'intérieur est toujours un désastre, soit qu'elle marque une tendance tyrannique du gouvernement, car le tyran est bien forcé de surveiller de près ses sujets, donc de disposer d'une police performante ; soit qu'elle résulte d'une faute stratégique – faire entrer dans Troie ce grand cheval de bois. Qu'il soit redouté ou réel, l'ennemi de l'intérieur est toujours le pire qui soit. Le monde est en ordre quand les ennemis sont loin.

7

Diversité des familles

À la maison, les raisons de vivre me sont renvoyées de tous côtés par celui ou celle avec qui je passe ma vie, par les amis à qui nous sommes liés, et par les choses qui nous environnent – tous correspondent à mes choix, à l'exception des enfants que certes je choisis de faire, grâce aux progrès de la contraception, mais que, jusqu'à nouvel ordre, je ne choisis pas. Fonder une famille et tenir un foyer, c'est à la fois la réalisation et l'approximation la plus juste de ce qui me plaît. Réalisation, parce que le foyer est une réalité effective, non une chimère adolescente. Approximation, parce qu'on fait avec les moyens du bord, c'est-à-dire avec l'argent qu'on a et les gens qu'on rencontre.

On peut certes se désoler de n'avoir connu que ceux-là. Ainsi la pauvre Emma Bovary, ayant eu la révélation du grand monde au bal de la Vaubyessard, se morfond d'avoir épousé un type quelconque, faute d'avoir eu à temps accès aux riches et célèbres. Aujourd'hui comme hier, cet autre monde est inaccessible ; mais aujourd'hui, à la différence d'hier, il est à portée de clic. Le bal de la Vaubyessard est dans tous nos téléphones. La dépression est une option : le découragement du peu qu'on a et du peu qu'on est. Si la société se renouvelle, c'est qu'il reste des jeunes filles qui ont l'intrépidité de se lancer avec la donne qu'elles ont reçue, c'est-à-dire les avantages qui leur viennent de la famille ainsi que les talents qu'elles tiennent de la nature. Chacune avec ses atouts. Chacune animée par le désir de jouer sa carte et de vivre sa vie, opération toujours incertaine.

Il existe un individualisme féminin dans la réalisation familiale, et pas seulement contre elle. Aujourd'hui, la création d'une famille est généralement assimilée à une reproduction, censée répondre à la pression sociale et se conformer aux vœux de l'entourage. Ainsi, Laure Murat, qui se félicite d'avoir fièrement rompu les ponts avec sa famille en révélant son lesbianisme, ajoute : « Toutes mes cousines ont choisi, sans exception, de se marier avec des hommes du même milieu et d'avoir des enfants, c'est-à-dire de reproduire le schéma[1]. » C'est aussi le message invariable des sociologues : on se marie dans sa classe sociale

1. Laure Murat, « Entre ma mère et moi, quinze ans de silence absolu », entretien avec Solenn de Royer, *Le Monde*, 5 novembre 2023.

pour reproduire sa classe sociale à travers la reproduction biologique.

C'est une caractérisation vue de loin, qui ne correspond à l'expérience de personne. Peut-être qu'en un sens je serai mère comme ma mère, mais bien plus sûrement je serai mère comme moi seule peux l'être, sans refaire les erreurs qu'elle a faites avec moi : je serai mère à mon tour, certes, mais à ma manière, dans l'approximation de ce qui me plaît. Il ne s'agit donc pas de reproduire, plutôt d'inventer la vie qu'on va mener dans la réalité et non pas dans le songe. Cette vie ne sera pas démarquée d'un modèle ancien ni calquée sur le passé parental : elle sera mienne.

Qui ne voit la différence frappante des familles, au sein d'une même classe sociale ? Les familles avec livres, ou sans. Les maisons encombrées, où l'on se faufile entre les piles, ou les pièces ordonnées, aérées, hygiéniques (une chose pour chaque place, une place pour chaque chose). Les familles avec un piano, ou non. Avec du soleil et des plantes, ou sans. Avec des meubles assortis ou dépareillés. Avec un effort de goût, ou la décision de s'en dispenser une fois pour toutes : le parti de la claire simplicité, Ikéa et basta. Les maisons avec animaux – leur vague odeur, le dérangement plaisant qu'ils répandent. Or chacun de ces articles est une marque de liberté : le chat qu'on est allé chercher à la SPA, le piano qu'on a eu tant de mal à faire passer par l'escalier, l'orchidée capricieuse qui refleurit tous les deux ans. Ils font partie de l'entourage. Il a fallu que l'un de nous les désire ou les accepte, que l'un de nous les accueille et les soigne. Les êtres et les choses qui nous font cortège sont des empreintes, modestes mais tangibles, de notre liberté. Parfois, par conséquent, de nos erreurs.

Aussi bien les refus : l'ajournement de l'aspirateur, la descente à la cave des meubles hérités, l'impossibilité de jeter cette pile de journaux (parce qu'on les a trop lus, parce qu'on ne les a pas lus). Ou l'assassinat de la plante exposée tout l'été sans eau sur le balcon. Non moins que le rangement et l'hygiène, la résistance au ménage est une marque de liberté. Chacun règne sur un petit royaume, en lui imprimant ses qualités ou ses défauts, dont nul ne peut juger à moins qu'on ne l'y invite : chez moi, je suis moi.

Les foyers ne se ressemblent pas : à qui ferait-on croire que la vie y est la même ? On se doute bien qu'elle diffère, mais quel moyen de le savoir ? Leur clôture les protège. Comment connaître le niveau de douceur ou de violence qui y règne – et aussi les niveaux d'humour ou de sérieux, de fantaisie ou de rigidité, de tendresse ou de froideur ? À peine si les voisins, parfois, entendent le fracas des scènes, ou le bruit des rires. Les seuls qui pénètrent vraiment les familles ce sont les amis des enfants lorsqu'ils sont invités à dîner et dormir. Ces lutins ont le don de traverser les murs : eux voient ce qu'il en est. Car les grands se retiennent et se modèrent devant leurs propres amis (sans parler des intrus, des assistantes sociales...), mais ils se laissent aller devant ces petits êtres qui tiennent le milieu entre l'homme et l'animal : on ne va pas se gêner devant ces nains qu'un rien séduit. Un Kinder Surprise, un jeu vidéo... Je me souviens de mon frère enfant, rentrant ébloui d'un appartement voisin parce qu'on y prenait du thé à 5 heures. Comble de l'opulence, ces voisins possédaient un meuble mythique, aperçu dans les westerns, le faste même : un rocking-chair. (Notre jeune mère d'éclater de rire...)

Ramener toutes ces différences à un niveau socioculturel, les considérer comme de simples variantes, des points dispersés sur un graphe entre les axes du capital et du capital culturel, c'est compter pour rien l'autonomie individuelle. Occuper à sa guise son espace propre et son temps libre en est la manifestation élémentaire. Les jeunes femmes imaginent une alternative tranchée entre la reproduction de l'ordre et le fier refus de cet ordre. Entre le patriarcat et la contestation, elles optent pour la contestation qui est dans l'air du temps. Elles cherchent massivement à s'enrôler dans l'acronyme LGBTQUIAA+. Preuve en est l'apparition légèrement comique de la catégorie « demi-sexuel », pour subsumer des personnes qui, sans être asexuelles, ne peuvent faire l'amour que si elles sont amoureuses. Jadis on aurait dit : les jeunes filles. Naguère on aurait peut-être précisé : « les jeunes hétérosexuelles ». Aujourd'hui ce qui est normal tente de se faire passer pour *queer*. Les midinettes se repeignent aux couleurs de l'arc-en-ciel. Humblement la norme essaye de se faire une petite place dans la marge.

C'est que se présenter en victime représente un gain symbolique : « La morale du temps des victimes vise un sujet *défini* par sa vulnérabilité, par sa capacité à devenir victime, s'il ne l'est déjà[1]. » Une jeune fille normale, si elle s'avouait telle, serait accusée de normativité. Il faut qu'elle donne des gages aux groupes victimisés (invisibilisés, minorés, silenciés), sans quoi elle échangerait le confortable statut de victime, qu'elle détient en tant que femme, contre celui de collabo de l'ordre patriarcal. Elle a tout intérêt à faire valoir une particularité minoritaire, dans l'espoir de s'agréger à l'acronyme alphabétique.

En réalité, le dilemme entre l'ordre et la contestation connaît une échappatoire que la vie enseigne à chacune. L'alternative entre la continuation et le refus, c'est-à-dire entre la reproduction du même et les transgressions au pluriel, est une fausse alternative : le couple qu'on forme et la famille qu'on crée se dégagent de cette tenaille. Car la famille réelle est une modulation individuelle, aussi éloignée du refus que de la reproduction du même.

1. François Azouvi, *Du héros à la victime : la métamorphose contemporaine du sacré*, Paris, Gallimard, 2024.

8

Créer son foyer

La famille qu'on fonde est éminemment personnelle, en intention et dans les faits. C'est la création d'une entité qui n'est pas l'affaire des autres, l'ouverture d'un espace qui ne regarde que moi : mon bien. Cela n'a rien d'étonnant si on rapporte l'entreprise à sa source première : il n'y a rien de plus individualiste qu'une femme amoureuse, rien de plus individualisant que l'élan de faire sa vie qui saisit à ce moment de l'existence. Ce mouvement est si puissant qu'il emporte même celles qui sont persuadées que le couple est une séquelle idéologique de la domination masculine, et que la reproduction est une tâche indûment imposée aux femmes par le terrible patriarcat.

Comment concilier les deux ? Comment accorder des convictions générales et une aventure personnelle ? D'un côté, des croyances socialement partagées, de l'autre un élan qui vous emporte et n'importe qu'à vous. Les deux sont incommensurables. L'amour est une émotion frémissante, qui fait passer incessamment de l'enchantement à l'angoisse. Il y a un abîme entre cette ferveur, tantôt inquiète et tantôt radieuse, et la conviction idéologique qui est un bloc et n'est qu'un bloc. En général, le blocage finit par être emporté dans le courant des émotions. Il est toujours là, battu par les flots. On continue de le voir, mais de loin. Il a conservé sa structure rigide et sa solidité de béton, il impressionne encore mais il n'a plus d'utilité. Dans la vie nouvelle en train de s'ébaucher, parmi les émotions qu'on a la chance d'éprouver, il ne sert à rien. Même si on y croit toujours, on a autre chose à faire.

Pour celle qui se met en couple, le féminisme est comme un blockhaus de la dernière guerre : il est tombé de la falaise, il est entouré par la mer. On le voit qui dépasse. Il tient le coup. On ne sait plus quoi en faire.

Bien sûr, l'amante peut exiger de son partenaire qu'il souscrive au credo, c'est même devenu une condition fréquente. Elle peut lui faire passer des examens de féminisme, le provoquer sur l'égalité, le titiller sur le privilège mâle. Là n'est pas l'essentiel : quand elle joue à ce petit jeu, c'est moins pour voir si l'autre a intégré correctement les convictions contemporaines que pour vérifier s'il l'aime, et s'il l'aime à sa guise. Car il ne faut pas seulement qu'il l'aime, il faut qu'il l'aime dans ses termes à elle.

Tu m'aimes pour mon corps, ou tu m'aimes pour moi ? Les garçons sont souvent étonnés, et péniblement surpris, par les exigences féminines en matière d'expression amoureuse : jamais contentes ! Elles ne cessent de poser des questions pièges, de couper les cheveux en quatre. Il s'agit, pour elles, non seulement d'éprouver, mais de « délabyrinther » les sentiments, ce que la belle Roxane ordonne, dans *Cyrano*, au malheureux Christian, qui n'en peut mais. Pour un garçon, aimer une fille signifie « être bien avec elle ». De ce confort sommaire, peu de filles se satisfont.

C'est que le désir secret de chacune est d'être aimée exclusivement et durablement. Ce désir est secret, parce qu'il a tout intérêt à l'être : le publier serait contre-productif. Cet impérialisme effraierait, quand il s'agit d'apprivoiser. C'est pourtant ainsi que la plupart des femmes souhaitent être aimées, excepté les Manon et les têtes folles, excepté celles qui ne croient plus à l'amour, ou qui n'imaginent pas pouvoir en inspirer, et toutes celles qui ont leurs raisons d'en désespérer : les femmes abandonnées, les femmes violées, les grandes brûlées de l'existence. En règle générale, une femme normale ne se contente pas de l'intensité : elle veut aussi la durée. Les questions pièges et les tests incessants lui servent à vérifier la force d'attraction qu'elle exerce. Son but est que l'amant se satellise autour d'elle, qu'il n'échappe pas au centre de gravité qu'elle est : qu'il reste dans son atmosphère.

Cette modalité, qui paraît aux hommes impérieuse et narcissique, n'est que le prélude au désir d'enfants que bien souvent la jeune femme ignore, qu'elle peut sans mentir désavouer avec énergie, car elle ne l'éprouve pas encore. Que ce soit un effet de l'évolution darwinienne ou d'un calcul providentiel, les femmes ont un besoin instinctif de distinguer, parmi les sentiments qu'elles inspirent, ceux qui sont susceptibles de produire de la loyauté envers elles : ceux qui, par conséquent, permettent d'augurer l'aide dont elles ne savent pas qu'elles auront besoin plus tard (la rodomontade féministe consiste, pour une femme, à clamer qu'elle n'a aucun besoin d'aide, qu'elle se suffit à elle-même).

L'intimité a deux versants, l'un verbal, l'autre physique. Le premier renvoie au lien qui naît des conversations et des confidences, l'autre au partage de la table et du lit. Tous ceux qui ne croient pas à l'âme minimisent le premier aspect : selon eux, seule compte la proximité physique. Le corps ne ment pas. (On dirait le pendant du slogan pétainiste sur la terre. Ce n'est pas moins réducteur.)

Certes le spasme est indéniable : l'orgasme est ou il n'est pas. En ce sens le corps ne ment pas. Mais l'orgasme est une glu, qui fait adhérer les femmes à toutes sortes d'illusions – la première est d'être aimée. Cela fait que le corps, qui ne ment pas, est souvent trompeur, car son plaisir induit dans l'erreur sur ce qui est fiable et vaut d'être vécu.

La vie privée est par excellence le lieu de l'attachement, ce qui s'entend en deux sens : passif et pronominal. On est attaché à sa famille, mais on s'attache à quelqu'un. Le sens pronominal renvoie à la part libre et créative de la vie privée : c'est la vie qu'on se fait, qu'on modèle soi-même, avec plus ou moins de bonheur. Au contraire, le sens passif renvoie à cette part qui ne relève pas de la liberté, mais du donné : on ne choisit pas ses parents, ni sa fratrie, ni la ribambelle des apparentés. Tous ceux-là ont accès à ma vie, plus ou moins : sinon un accès illimité, au moins un droit de visite. L'usage de la liberté à leur égard existe, mais ne peut être que négatif. Il consiste à rompre – cette fois, c'est décidé, je ne verrai plus ma sœur. Ces mises à l'écart sont coûteuses. De plus, on s'aperçoit, au fil du temps, que les liens familiaux sont plus tenaces qu'on ne croyait. Leur nature est de persister. Un amour peut s'évaporer, une amie qui trahit cesse d'être une amie ; un cousin reste un cousin.

9

Le ménage

Se mettre en ménage veut dire commencer une vie commune. L'expression prend les choses au ras de la vie courante. Se mettre en ménage, c'est l'odeur du café, les bols dans l'évier, la poussière sous l'armoire. Ceux qui se mettent en ménage entrent de plain-pied dans la vie à deux, sans passer sous les arches des bénédictions et des ovations, la pluie de riz et les orgues du mariage. Par là même ils s'épargnent la fatigue et le faste des familles. On se débrouille à deux de la tâche de vivre. Elle ne manque pas d'être au rendez-vous. Dès qu'on est en ménage, il faut faire le ménage. C'est la tâche des femmes, qu'elles peuvent déléguer à d'autres femmes, si elles sont riches – riches et occupées, ou riches et oisives, peu importe. Les hommes de ménage sont une espèce rare. Si on y a recours, que ce soit par conviction idéologique ou par misogynie, on découvre que le ménage fait par un homme a, la plupart du temps, quelque chose d'approximatif : la baignoire est propre, mais le mélangeur ne brille pas.

Le soin du ménage peut devenir humiliant, le jour où l'on s'avise qu'on est assignée, et même reléguée aux tâches dégoûtantes : comme si l'eau grasse de la vaisselle, la cuvette entartrée des cabinets ou la litière du chat vous incombaient une fois pour toutes ; comme si la bassesse était votre lieu d'être. Cela ne sert à rien d'objecter que les travaux d'égoutier ou le ramassage des poubelles incombent essentiellement aux hommes, et que dehors, sur la voie publique, les femmes ne s'en chargent pas : dans l'intimité des foyers, ce sont presque toujours elles qui rendent les services d'assainissement, si ce n'est la maîtresse de maison elle-même, une autre femme qu'elle emploie, tandis qu'au-dehors, ce sont seulement certains hommes, qui ont choisi ces métiers particuliers, ou s'y sont résignés. Ce sont des configurations différentes : discrètement, toutes les femmes, quelques hommes publiquement. À la maison, à l'abri des regards, les femmes prennent en charge l'ordure, les hommes en sont délivrés. Aujourd'hui, majoritairement, ce sont elles qui changent les couches des enfants. On attendait d'elles autrefois qu'elles fassent ce qu'il y a de plus répugnant et de plus éprouvant à la fois : la toilette des morts.

Nul doute qu'il y a eu dans le passé une dévolution de la souillure aux femmes. Ce n'est pas un sujet d'anthropologie historique, les traces sont actuelles, il n'est pas difficile de les repérer. Le jour où l'on comprend que telle ou telle tâche qui répugne est attendue de vous en tant que femme, quelque chose se déchire dans la belle conviction égalitaire qui est notre idéologie commune. Toute femme, en ce cas, reçoit personnellement un héritage d'humiliations collectives. Elle prend sa part. Il n'y a pas que le viol et le harcèlement qui rabaissent.

L'abaissement est une réalité, ce n'est pas une fatalité. Il arrive à l'inverse que l'entretien de la maison soit un motif de fierté, et c'est aller trop vite de taxer de fausse conscience toute femme qui se réjouit de bien s'occuper des siens. Le ménage est une dépense d'énergie qui devient une occasion de satisfaction, jusque dans ses recoins obscurs – épluchures et salissures, ordures et moisissures –, du moment qu'on en vient à bout. Une femme sent sa force dans l'ordre rétabli, et c'est le cas d'imaginer Sisyphe heureux. Non pas d'imaginer : de le découvrir et de l'éprouver en soi.

Faire le ménage, c'est permettre à un ménage d'exister. Quand une femme le prend en charge, elle s'en fait l'âme. Assainie et pacifiée, sa maison est en mesure d'héberger la vie des siens. C'est ce qu'elle voulait. Accueillant, le logis lui renvoie l'image de son action : cet ordre est son œuvre. Ce n'est pas une vague prétention, une idée flatteuse qu'elle se ferait d'elle-même, c'est la réalité environnante : une réalité réduite, car c'est un petit monde ;

mais une réalité plus vaste qu'elle, destinée à contenir tout ce qu'elle aime. En ôtant la poussière, en aspirant, en aérant, elle a produit cela : une arche pour un homme, pour des enfants, éventuellement pour un animal. Elle est l'auteur de ce vaste bienfait qui est l'expression de son être, non pas comme un gribouillis solitaire, un tag sur un mur ou un tatouage sur la peau. L'intérieur est expressif et cependant communautaire. Il est d'elle, il est pour autrui. Pas n'importe quel autrui, bien sûr : pour ces autres qui sont les siens. La réalité qui l'entoure témoigne de sa capacité. Une femme d'intérieur existe hors d'elle-même dans les draps frais et les oreillers gonflés, dans la transparence des vitres, le rayon qui les traverse, le chat qui s'étire sur le sol lavé. Elle a recréé cette chose si précieuse, la paix des intérieurs qui fut le grand sujet des peintres hollandais. De Jacobus Vrel à Vermeer, de Gerard ter Borch à Pieter de Hooch, tous ont cherché à capter cette quiétude ; or elle n'existe que par le ménage. Avant qu'ils la peignent, elle l'a faite.

Pester contre la charge mentale, c'est méconnaître en quoi le ménage est le lot des femmes. Les féministes se récrient contre l'injustice du patriarcat qui assigne les femmes aux travaux domestiques, et personne n'ose émettre l'hypothèse que, si les femmes passent plus de temps que les hommes à s'occuper de l'intérieur, c'est qu'elles choisissent de le faire (aller boire une bière et jouer au tiercé n'est pas moins répétitif que passer l'aspirateur). Sinon toute la liberté, du moins une part de liberté féminine s'investit dans cette visée : faire du foyer un lieu de bien-être où la bonté puisse avoir cours. Le ménage n'est pas le lot des femmes comme une humiliation imposée de l'extérieur, il l'est comme mouvement autonome, dans la mesure où elles s'identifient à la maison qui fait leur honte ou leur fierté.

Tout ce à quoi l'on tient est susceptible de causer honte ou fierté : mes enfants, ma religion, mon camp politique, ma patrie… La honte et la fierté, se chevauchant l'une l'autre, définissent les bornes de la propriété. C'est dans leur mêlée que j'éprouve ce qui est mien. Où ces émotions s'épuisent, mon territoire s'arrête : ce qui ne me cause ni honte ni fierté n'est pas à moi. Ce sont des faits étrangers, que je réprouve ou que j'admire. Ces deux dernières émotions, si fortes soient-elles, me demeurent extérieures. Elles ne m'affectent pas de la même façon, *intus et in cute*. Si on peut s'aimer soi-même, ce qu'il faut souhaiter, il est impossible de s'admirer, car il faut à l'admiration un élément d'altérité et de surprise.

Le goût de tenir une maison n'est pas un devoir que la société impose aux femmes, mais un mouvement qui vient d'elles, non pas dans la prime jeunesse, mais plus tard, à l'âge adulte, quand apparaît cette évidence : qu'il n'y a pas de chez-soi sans qu'on y mette du sien. Cela ne veut pas dire qu'il faille avaler des couleuvres, surmonter ses dégoûts, se laisser écraser par le rocher du ménage – à peine l'a-t-on remis en place qu'il roule de nouveau vers soi. Personne n'a intérêt à se laisser écraser, qui y gagnerait ? Les femmes ont raison de demander de l'aide – au mari, aux enfants, à qui se trouve là. Et de même il ne faut jamais se laisser humilier : si une tâche dégoûte, il faut la différer puis chercher activement le moyen de s'en décharger.

Ce n'est d'ailleurs pas tant la saleté qui répugne, que la dévalorisation qui s'y attache, la saleté de la chose lavante passant sur la chose lavée, comme dit à peu près Baudelaire, on ne fait pas plus aimable. Le mépris masculin est une chose banale. Accomplir des tâches ingrates serait supportable sans la confirmation qu'en retirent certains des hommes, ceux qui remercient Dieu de ne pas les avoir fait naître femmes, ceux qui estiment que les fonctions élevées leur reviennent par nature – le sacerdoce ou le pouvoir politique, la création musicale ou le génie mathématique –, tandis que, par nature, les tâches indignes incombent aux femmes. Bornés comme des brahmanes, ces gens associent valeur et pureté. Moins ils se tachent, plus ils s'élèvent. Ils s'estiment supérieurs aux femmes en ce qu'ils ne touchent pas à la merde des enfants, à l'ordure de la maison, à la toilette des morts. Leur suprémacisme ingénu ferait sourire, s'il ne blessait pas. Dès lors qu'il blesse, il faut les fuir.

Pour que la maison aille bien, il ne faut pas seulement qu'elle soit propre : il faut qu'on n'y manque de rien. Or tout peut venir à manquer, du beurre aux cartouches d'imprimante, du dentifrice aux cornichons... Les oranges du matin, le désinfectant, le poivre, les couches, les piles : la diversité des choses utiles à la vie stupéfie. La maison où rien ne manque suppose une veille permanente. Il paraît que demain l'ordinateur sera préposé au réassortiment. Pour l'instant, ce sont les femmes qui se font les soutiers de l'abondance : va voir, il y en a un dans le placard.

Elles le sont parce qu'elles s'ingénient à faire croire à leur mari et à leurs enfants que non seulement la vie est possible, mais qu'elle est facile. Eux n'ont pas à se faire de souci, le foyer contient tout ce qu'il faut pour vivre. C'est pourquoi il ne suffit pas que la maison soit propre, il faut aussi qu'elle soit pleine. La tâche du ravitaillement est l'autre volet du ménage, un second rocher de Sisyphe : il faut réapprovisionner tous les jours, aussi longtemps que durera la vie commune, donc aussi longtemps que possible. Les femmes vivent avec une liste en tête, c'est leur état ordinaire. On peut baptiser cet état « charge mentale », à condition de ne pas se mentir et de reconnaître que le vide mental est un état pire encore. Tel est le sort des femmes qui n'ont plus rien à chérir : celles dont les enfants sont partis, et qui furent laissées seules par le divorce ou par le deuil. Nourrir et soigner pesait moins : le vide est à charge. J'admire les jeunes mères près d'être débordées, au bord de l'être ; mais j'admire plus encore les veuves. On devine les passions qui donnent des forces aux premières. Je ne comprends pas ce qui fait tenir les veuves.

Pour faire régner l'abondance à domicile, une femme n'a jamais que des moyens limités. Il lui faut donc faire attention. Non seulement les femmes font des listes, mais elles tiennent des comptes. C'est le dernier aspect du ménage, et le moins glorieux : toute femme sait qu'elle doit ménager les ressources dont elle dispose – qu'elles soient financières, alimentaires, relationnelles… Elle voudrait donner aux siens le sentiment de l'abondance, sans se laisser aller aux erreurs de gestion. Son but est de pourvoir à tout, mais sans obérer l'avenir. Ménager, c'est se soucier de la durée, d'où l'attention constante aux reliefs et aux montants : ce qui reste au frigo et dans la huche à pain, ce qui reste de midi, ce qui reste sur le compte. Ce calcul permanent peut passer pour de l'avarice ; ce n'en est pas. Sans doute y a-t-il des femmes avares, comme à l'inverse des femmes prodigues : ce sont des traits de caractère, ce n'est pas une condition. Ménager, au contraire, fait partie de la condition féminine : toutes les mères s'y trouvent confrontées. Ce n'est pas thésauriser : c'est se soucier de ce qu'on peut se permettre. Une mère n'est pas forcément avare quand elle refuse quelque chose aux siens, car le refus n'est pas son but : son but est d'offrir ce qu'elle peut, sans se mettre dans le rouge.

Adapter la dépense aux ressources, tel n'est pas le point de vue des petits qui l'accompagnent faire les courses et se mettent à pleurer au moment du passage en caisse. Eux n'ont pas l'habitude de compter : ils comptent sur elle. Même s'il est prévisible, son refus est un choc. Elle est méchante, ils le découvrent. Ils se souviendront du jouet refusé – la trousse Hello Kitty, le joli pull… « Ma mère ne m'aimait pas, j'ai toujours porté les vieux habits de ma sœur. » Les enfants, qui observent leur mère à toute heure, sont témoins de ses stratégies pour faire durer, agrandir, repriser, chercher les soldes et les bonnes affaires. Dans les pays où les prix ne sont pas fixés, ils la voient marchander. Et quand ils grandissent, ils la méprisent.

Ainsi, Marguerite Duras dans *L'Amant* se souvient de sa tenue d'adolescente : « Soldes soldés que ma mère m'a achetés. »

De surcroît, certaines mères se donnent le ridicule de faire la promotion de la vie qu'elles assurent : non seulement faire, mais faire valoir. Ce sont celles qui arrachent les étiquettes, pour grossir la valeur de ce qu'elles mettent sur la table, celles qui inventorient les avantages de leur situation, vantent la beauté du logis ou les joies des vacances : on est bien tombés, qu'est-ce qu'on a comme chance… Elles prennent en charge, avec la vie commune, la propagande pour cette vie. Elles ne se contentent pas de procurer les nécessités, elles voudraient faire croire au bonheur. C'est peine perdue (Montesquieu : « C'est un sexe bien ridicule que les femmes. »)

La mère de famille est une cible facile : ce qui est ménager est l'exact contraire de ce qui est enthousiasmant. Si le moment amoureux exalte les hommes et les femmes, non moins les hommes que les femmes, l'entretien patient de la vie commune, qui, sauf accident, est du ressort des femmes, n'inspire guère que des ricanements. Même s'il est un facteur de l'attachement, il a intérêt à rester invisible. « Les petites affaires privées ne m'intéressent absolument pas », déclarait fièrement Deleuze. La plupart des hommes pourraient en dire autant (ainsi qu'Arendt, non moins virile qu'eux).

Le mépris du féminin, particulièrement dans sa dimension maternelle, est la chose du monde la mieux répandue. La patience des femmes à cet égard n'est pas moins stupéfiante que le mépris qui d'âge en âge se répand sur leur labeur jusqu'à ensevelir la conscience de ce labeur. Dans le monde préindustriel, préparer un repas impliquait des heures de travail. En ces temps, pour manger du poulet, il ne fallait pas seulement le faire cuire, mais le tuer, le plumer, le vider, après avoir allumé le feu dans l'âtre ou la cuisinière. Considérons la scène du bénédicité, si courante dans les westerns : on peut se demander comment il a été possible, des années durant, d'entendre remercier Dieu pour ce repas que la mère de famille procurait aux siens, au prix de ces efforts dont nous n'avons plus la notion. Nul n'avait pourtant l'idée de remercier Dieu pour le travail du charpentier, quand une poutre était posée, ni pour celui du maçon, arrivé à la fin de sa ligne de briques. Aujourd'hui que les grâces et le bénédicité sont sortis de nos coutumes, on entend les économistes affirmer, avec une autorité comparable à celle des prêtres d'autrefois : « *there is no such thing as a free lunch* », comme si tout repas en famille n'était pas offert aux membres de la famille : comme si tout être humain n'avait pas commencé sa vie par le lait gratuit de sa mère.

10

Le foyer percé

> On ne peut donc même plus se changer les idées pendant une heure sans être envahi, contaminé par la sphère publique ?
>
> IAN MC EWAN

Tout en admirant les tableaux hollandais du XVIIe siècle, on finit par douter de la paix qu'ils donnent à voir. Elle n'a jamais dû exister qu'en peinture : il y manque le vacarme de la rue – cahots de roues, grincements d'essieux, jurons des cochers –, il y manque les aboiements, les cris des bêtes de boucherie qu'on égorgeait en pleine ville, les odeurs de ces rues sans égout ni sanitaire. Il y manque enfin la pression de la domesticité. Les beaux intérieurs de Vermeer supposent une armada de personnel. Servantes et valets sont forcément en faction quelque part. Ils ne doivent pas être loin, pour arriver dès qu'on les sonne. Parfois ils épient d'une pièce adjacente. Ce sont des logements où l'on n'est jamais seul, ou jamais certain de l'être.

Pourtant, ces maisons du passé, si animées, si bruyantes et si peuplées qu'elles fussent, connaissaient une paix que nous ne retrouverons plus, car elles étaient closes. Les nôtres sont percées. L'extérieur y pénètre par la radio et la télévision, par le téléphone, désormais par l'ordinateur. Il entre à flots. On se souvient du mot de Degas, à l'arrivée du téléphone : « C'est ça le téléphone, on vous sonne comme un domestique et vous accourez. » Le grand peintre pointait une soumission à l'extérieur que l'habitude, ce bandeau, nous empêche de percevoir. Il y a aussi le fait que les choses ont empiré : qu'est-ce que le dérangement d'une sonnerie par rapport au silence, autrement gênant, des smartphones, quand tous les membres d'une famille, même à table, plongent un à un, chacun pour soi, vers leur minuscule écran ? L'être-ensemble de la famille est dévalué par un ailleurs, autrement passionnant : combien de réactions à mon post ? Combien de like ?

On s'est moqué de la radio qui remplaçait les conversations, en déversant dans les foyers « tout le flot de purin de la mélodie mondiale », écrivait Francis Ponge (qui n'avait pas prévu le rap)[1]. Le poste de radio tend à disparaître physiquement : on entend la radio par ordinateur, quand on l'écoute encore. Le bon vieux poste, s'il a subsisté, attendrit

1. Francis Ponge, « La radio », *Le Grand Recueil*, Paris, Gallimard, 1961.

comme un téléphone en bakélite. Il paraît tellement inoffensif qu'on peine à comprendre l'agressivité de Ponge : « la bourdonnante, la radieuse petite boîte à ordures ! La Radio ».

Plus encore que la radio, la télévision a capté l'attention des membres de la famille, même aux heures de repas. Au moins regardaient-ils la même chose au même moment. Si l'émission les faisait taire au moment de sa diffusion, il était envisageable qu'ils en parlent plus tard. Le smartphone est le véritable instrument de l'individualisme. Il permet à chacun de sortir du cercle, d'échanger furtivement son mode de vie réel – familial, prévisible, répétitif – contre ce qui l'intéresse personnellement : l'actualité toujours renouvelée des réseaux. Pas n'importe laquelle : la sienne. Sur cela, il est presque impossible d'échanger.

– Qu'est-ce qui te fait rire ?
– Trop long à t'expliquer…

L'Internet fait saillir, par contraste, l'individu contre la famille, mais par ailleurs il dissout l'individualité au profit d'autre chose : l'appartenance à des communautés provisoires et flottantes. Perpétuellement distrait, flatté dans ses curiosités, l'individu s'allège et s'évapore : voué à la dispersion, réduit à l'émotivité, il ne prend plus la peine d'élaborer sa pensée, il rejoint des courants. Des opinions s'agrègent et se dispersent dans le *cloud*, comme des passereaux dans le ciel, cependant que l'algorithme se charge d'amplifier les émois. Le contrôle sur soi disparaît, les insultes dépassent la pensée et bientôt la remplacent, les menaces de mort deviennent banales (Guillaume Erner dit qu'elles traduisent en langue contemporaine l'ancienne expression : « Monsieur je ne vous salue plus »).

Radio et télévision avaient rendu la maison poreuse au-dehors : l'extérieur affluait dedans. Le téléphone et plus encore le smartphone permettent le mouvement inverse : mentalement les habitants ont le moyen de quitter les lieux. Au XXe siècle, on s'en exaspérait. Pères et mères pestaient contre la jeune fille qui passait des heures au téléphone, bloquant la ligne. Rien de tel aujourd'hui : rien n'est bloqué, le silence est parfait, mais on ignore où l'attention va s'égarer ; on ne sait pas à qui les uns et les autres envoient leurs guirlandes de SMS, d'émojis et de mèmes. Bien des parents se sont dits stupéfaits par le départ d'un enfant en Syrie : ils ne l'avaient pas vu se radicaliser. C'est qu'il restait des heures enfermé dans sa chambre et qu'ils ne le voyaient plus.

Il y a ce que les uns et les autres regardent. Non moins dangereusement, il y a ce qu'ils publient. Dans ce cas, ce n'est pas assez de dire que le foyer est percé : il est mis en perce, dans l'espoir d'en tirer profit. Non seulement l'extérieur pénètre le logis, mais celui-ci se met hors de lui pour rejoindre le monde virtuel et s'y déverser en pixels. La manie d'influencer s'est emparée d'une génération, ce qui implique de documenter sa vie et de la feuilletonner au bénéfice d'abonnés dans l'espoir qu'ils s'attachent à votre personne et s'inféodent à vos conseils, mais d'abord et surtout qu'ils se multiplient. L'exhibition volontaire de l'intime est le corollaire de l'appétit du nombre. On ne croit plus que le bonheur niche dans le retrait – pour vivre heureux, vivons caché. On sait qu'il coïncide avec l'expansion de soi dans la multitude anonyme.

Exhiber l'intime n'est pas une nouveauté, la presse à scandale s'y emploie avec zèle depuis deux siècles : YouTube n'en a évidemment ni le monopole ni le copyright. En 1990, juste après la chute du Mur, Soljenitsyne publie un petit livre, *Comment réaménager notre Russie ?*, pour chercher les voies de salut possibles après l'écroulement de l'URSS. Admirateur des bienfaits de la démocratie, dont la Russie était restée coupée, il évoque ce qui de la culture occidentale filtrait par-dessous le rideau de fer : « Il ne descendait pas absolument jusqu'en bas, du purin filtrait par-dessous, le purin d'une "culture populaire de masse" dévoyée et déchue, de modes profondément vulgaires et d'une rage malsaine de rendre tout public[1]. »

La rage malsaine préexistait, elle avait déjà ses canaux d'expression, comme la confession dans la

1. Alexandre Soljenitsyne, *Comment réaménager notre Russie?*, Paris, Fayard, 1990, p. 50.

presse people, et l'autofiction en littérature, mais c'est avec Internet que l'exhibitionnisme narcissique a trouvé son instrument. Le prix à payer, c'est la déculturation affective.

Une ex-candidate à la présidentielle a pu intituler son livre « Ma plus belle histoire d'amour, c'est vous ». Par ce titre en fanfare, Ségolène Royal comptait flatter ses électeurs, au prix de piétiner la réalité sentimentale. Comment est-il possible d'oublier que l'amour est un lien personnel, d'un à un, idéalement réciproque, dont l'expression est le murmure ? Pour la femme politique comme pour la youtubeuse débutante, le but n'est pas d'être aimée ou d'être comprise, le but est que le nombre de ventes ou de vues décolle – ventes pour être vue, et vues pour mieux se vendre. Quand une influenceuse découvre sa vie non à un seul, par amour, mais à l'innombrable, par gloriole, il est probable qu'elle triche, même si elle se filme à toute heure du jour et de la nuit, et dans toutes les postures possibles, du siège des toilettes à la chambre à coucher (la star qui prétend tout donner à ses fans se moque du monde : qu'ils se repaissent de ma vue, ma vraie vie est ailleurs). Il est aussi possible qu'elle ne voie pas le danger de l'exhibition, comptant que l'intime se reforme autour d'elle, comme l'herbe repousse après la tonte.

Ouvrir sa vie à tous, c'est se faire le montreur de soi, comme d'un animal de foire. C'est risquer de rendre sa vie nulle ou fausse. Nulle, si véritablement tout est là, mais fausse, si l'influenceur compte exister pour lui-même, par ailleurs, indépendamment de la couche superficielle qu'il livre au public.

Certains remportent la mise au jeu de ces nouveaux médias, d'autres y perdent leur temps, leur énergie, leurs espérances, mais comme au casino, qu'on perde ou qu'on gagne, on enrichit la banque. Le seul qui profite à coup sûr du trafic sur le réseau, c'est le propriétaire du réseau. Rien d'étonnant à ce que Marc Zuckerberg déclare que « la *privacy* est une norme dépassée aujourd'hui » : plus elle subsiste, moins il engrange de données, ces données qui permettent de nous suivre et d'anticiper nos actions. C'est de nos renoncements que les géants des GAFAM s'accroissent, et ils s'accroissent fabuleusement.

Nous avons cessé de nous envoyer des lettres. Il fallait avoir un timbre, ou aller en acheter, il fallait descendre poster le message, attendre qu'il soit distribué, puis de nouveau attendre la réponse : autant de petites embûches au désir de communiquer. Le mail simplifie la vie : il est immédiat, idéalement vérifiable : à la rubrique « courrier envoyé » un double se crée sans qu'on ait rien à faire. Cette magie n'a qu'un défaut, qu'on s'empresse d'oublier, c'est que les mails sont exposés : ils n'ont pas d'enveloppe. Quelqu'un, quelque part, peut en permanence avoir accès à ce qu'on écrit. On s'abstient d'y penser. Le risque n'est pas nul, mais il est infinitésimal. Qui prendrait intérêt à ce que j'écris ? Au bout de nos petites paresses, de nos vives impatiences (et, il faut le dire, de l'invraisemblable nullité de la Poste), nous avons collectivement renoncé au secret des correspondances. Sous Louis XV, le cabinet noir ouvrait régulièrement les lettres, pour le bon plaisir du roi. Louis XV était friand des secrets de ses sujets, particulièrement de leurs secrets d'alcôve. Nul n'étant à l'abri de sa curiosité, le courrier n'était jamais sûr. Le secret des correspondances fut une conquête civique, contre les inquisitions de la police et les indiscrétions extravagantes du pouvoir. C'est la première signification du droit à la vie privée et familiale, inscrit à l'article 8 de la Convention européenne des droits de l'homme.

Le foyer suppose une clôture, qui a pour but de refouler les intrus, mais qui ne doit pas être parfaite : la maison doit pouvoir s'ouvrir aux invités, aux amis, aux amis des enfants, au chat qui ne veut pas qu'une porte soit ouverte ou fermée (juste entrebâillée à la taille du chat). Á défaut de cette semi-ouverture, la maison serait une prison.

Il en va de même pour les pensées : elles aussi ont besoin d'isolement. S'il n'est pas amical, le regard d'autrui les dessèche. Exprimées, elles se racornissent jusqu'à l'insignifiance. Mais, si nécessaire soit-il, cet isolement ne peut être que relatif, faute de quoi les pensées s'alanguiraient jusqu'à l'engourdissement. Une fausse étymologie fait provenir le for intérieur du fort, autrement dit du bastion imprenable. Contrairement à cette étymologie fantaisiste, « for » vient de « forum », qui signifie la place centrale, l'équivalent romain de l'agora des Grecs. Le forum est le lieu où les citoyens échangent des paroles, où les opinions se combattent et se forgent. Le for intérieur est le lieu de la conversation de soi à soi. Il appartient à chacun de déterminer le niveau d'ouverture qui est favorable à sa vie intérieure. Certains doivent s'exposer à l'extérieur pour penser – les journalistes, les reporters, les explorateurs. L'abeille et l'araignée n'ont pas les mêmes besoins en termes d'errance hors des murs.

Que devient la clôture des foyers si nous laissons pénétrer chez nous Alexia ou Siri, des intelligences artificielles bienveillantes et dévouées, qui pour de minces avantages – déclencher la fermeture des volets, augmenter le chauffage, monter le son – permettent que quelqu'un, à l'autre bout de la planète, puisse savoir ce qui se passe à domicile ? Pour se faire adopter, l'intelligence nous protège. Elle promet d'émettre des alertes intrusion, mais au prix d'une intrusion permanente. Protectrice et bienveillante (jusqu'à quand ?), elle est là.

Qu'a-t-on besoin de se soustraire à la vue, si l'on n'a rien à se reprocher ? Cet argument reparaît chaque fois qu'un pouvoir quel qu'il soit projette d'empiéter sur la vie privée : qu'importe au citoyen lambda *s'il n'a rien à cacher* ? Ces caméras, ces fadettes, ces écoutes téléphoniques ne servent qu'à traquer les corrompus ou les terroristes. Ces investigations dans les comptes ne visent que les fraudeurs et les escrocs. Ce n'est qu'en cas d'accident ou de crime que la police retrace le parcours du suspect, établissant la carte des points où son téléphone a « borné ». Le reste du temps, ces données existent, mais elles dorment. Elles sont inactives jusqu'à l'heure de l'accident.

Semblablement, qu'importe au consommateur la pulvérisation de ses données dans le cyberespace *s'il n'a rien à y perdre* ? Les journaux n'ont pas manqué de nous avertir : il existe d'ores et déjà pour chacun de nous, quelque part dans le *cloud*, un fantôme numérique fait du faisceau de traces que nous avons laissées. Ce double peut renseigner sur nos idées, sur notre caractère et nos goûts, et si précisément qu'il permet de prévoir quels films ou quels livres vont nous plaire, quelles positions nous allons prendre dans tel ou tel débat de société, et sur quel candidat se portera notre prochain vote. Cet épouvantail numérique nous inquiète un instant, puis nous oublions qu'il existe : qu'importe en effet si nous nous sentons toujours libres ? Libres d'aller voir le film qui nous plaît, et libres de voter pour qui nous déplaît le moins. Libres d'entrer dans les débats du jour en nous prononçant pour ou contre l'avortement, la GPA, l'euthanasie ou le changement de genre dès le plus jeune âge. Cette surveillance toujours plus affûtée ne nous empêche pas de vivre en tant que citoyen démocratique, et si elle nous conditionne comme consommateur, c'est d'une main légère : quel mal nous font ces myriades de cookies essaimés lors des flâneries sur le Net, comme des confettis sur le cortège de la mariée ? Peut-être qu'ils nous flattent autant qu'ils nous importunent, c'est-à-dire très peu. À peine les sent-on à l'insistant retour sur l'écran de certaines publicités, mais quel mal à cela ? À tout prendre, une image est moins intrusive qu'un appel téléphonique, sans parler du coup de sonnette d'un représentant de commerce. Nous sommes habitués au boniment des commerçants, à la tchatche des commerciaux : va-t-on s'insurger contre ce nouvel effort des annonceurs pour nous servir selon nos goûts ?

Nous ne réagissons pas aux diminutions de notre liberté pour deux raisons : elles sont insensibles, et nous sommes impuissants.

La perte de notre liberté est imperceptible, car le but des influenceurs, à quelque échelle qu'ils opèrent, est de nous orienter sans nous froisser. C'est le principe du *nudge* ; l'effet est évidemment plus sérieux quand il s'agit de diriger non pas un jet d'urine sur la paroi de céramique, mais le choix des électeurs. On se souvient qu'en 2016, la campagne de Donald Trump a été favorisée par des opérations publicitaires ciblées. Un tel ciblage avait été possible grâce à une gigantesque fuite de données concernant environ soixante millions d'utilisateurs de Facebook. Ce qu'a révélé le scandale de Cambridge Analytica, c'est l'importance cruciale de ces données.

On ne va pas changer le vote d'un sympathisant de la France insoumise en lui parlant de l'explosion de la dette : il a la réponse au désordre des finances françaises, il suffit de prendre l'argent là où il est, dans la poche du patronat. De la même façon, on ne va pas attendrir un partisan du Rassemblement national en évoquant le manque de logements abordables en HLM, ou de lits pour les sans-abri : lui aussi a la réponse, il suffit d'arrêter l'immigration, et le pays ne manquera de rien. La publicité politique ne peut pas changer les opinions ancrées, mais elle peut les exciter, et le faire au bon moment. L'un et l'autre électeurs peuvent être incités à voter par une propagande allant dans le sens de ce qu'ils pensaient au préalable. La connaissance de ce préalable devient donc un atout, et la possession de nos données un avantage considérable. Si, dans un État totalitaire, ces mêmes données peuvent servir à contraindre (empêcher un sociétaire de voyager, d'avoir accès aux études supérieures, ou même restreindre l'accès aux soins), dans les États démocratiques, elles servent moins à réprimer qu'à inciter. Nous avons toujours le sentiment d'être libres, d'autant plus que nous désirons croire que nous le sommes. Nous oublions que nous sommes manipulables par ce qu'Internet sait de nous. Car dès que nous sommes situables, nous sommes orientables.

L'impuissance est l'autre raison de notre apathie collective, et sans doute la plus profonde. Force est d'accepter que les traces que nous laissons derrière nous sans le vouloir appartiennent à celui qui permet notre trajet. Soit nous ne bougeons pas, et nous demeurons de ce fait intraçables, soit nous allons glaner des informations qui nous intéressent, et dans ce cas nous en livrons sur nous. Le bénéficiaire est un tout-puissant : Mark Zuckerberg, Elon Musk, les entreprises satellites, c'est-à-dire tous ceux auxquels les maîtres des GAFAM acceptent de vendre ou de dévoiler nos données à charge de revanche, en échange d'on ne sait quoi. L'État fait clairement partie des demandeurs. Il faut une naïveté de collégien pour croire que ce qu'on envoie à ses amis reste entre amis. On apprend tous les jours que la police a accès à des messageries supposées parfaitement sécurisées, et qu'elle mène de fructueuses investigations dans les plus sombres recoins du darknet.

Par insouciance ou par paresse, on a perdu la liberté d'être à soi hors de tout regard, d'aller et venir sans être vu, d'acheter ou de vendre sans laisser de traces. S'il reste encore des biographes à l'avenir, ils ne risqueront plus de se tromper sur les goûts de leur sujet en le croyant sur parole, car ils disposeront d'un matériau nouveau, objectif et surabondant : ses traces. Tout achat est connu sur Amazon, l'historique n'oublie rien.

Sur Internet, dès 2024, le nombre de contenus générés par des machines intelligentes risque de dépasser le nombre de contenus postés par des humains. Nous avons sollicité ce flot qui va nous déborder bientôt, et nous continuerons à le faire : qui peut se passer de l'infatigable appui de la machine ? Comment résister au confort de la réponse immédiate ? Quand le désir de savoir est comblé sitôt formulé, l'appétit de savoir s'éteint. Nous allons oublier la curiosité comme nous avons oublié la faim.

Jean-Pierre Dupuy a signalé un tournant capital dans l'ethos de l'ingénieur. Pendant trois siècles, il a vécu dans un imaginaire cartésien de la maîtrise. La mise au point du *deep learning* correspond à l'inversion de cet imaginaire. L'ingénieur désormais se voue à l'immaîtrise, en confiant à l'intelligence artificielle le soin de s'enseigner ce qu'elle ignore – et lui aussi. Le programme lui confie le soin d'aller chercher elle-même ses ressources, le programmeur renonçant à savoir comment la machine s'y prend. Or c'est au moment où l'on a cessé de contrôler les machines, qu'elles ont produit les résultats les plus spectaculaires, comme battre les champions du monde aux échecs, au go, ou encore fournir à une vitesse record des traductions plausibles en des centaines de langues.

Malheureusement, plus les machines s'améliorent, plus elles nous deviennent imprévisibles. Dans le même temps, nous devenons toujours plus prévisibles par les machines, grâce aux données que nous générons sans cesse. Une machine imprévisible n'est pas forcément intelligente, un être prévisible n'est pas forcément un imbécile, mais ce dernier donne immanquablement l'avantage à celle qui a la capacité d'anticiper sa réaction. Cela se vérifie dans les jeux. Désormais, nous jouons perdants, et nous ne savons pas à quels jeux les machines nous inviteront dans le futur. Il se peut que nous soyons la première espèce à léguer nos problèmes, nos compétences et nos mémoires à un auxiliaire de notre fabrication.

Ce n'est pourtant pas que la confiance règne. Quand des *malwares* s'en prennent à des hôpitaux qu'ils paralysent contre rançon, la ferveur pour Internet baisse d'un cran : les plus candides eux-mêmes admettent que des logiciels peuvent viser autre chose que le bien commun. Nous persistons pourtant à nous dénuder au profit d'un composé de métaux et de plastique, un être imputrescible, virtuellement immortel et qui n'oublie rien.

De même que le réel sera menacé, toujours davantage, par la concurrence du virtuel, de même la vie privée est mise en danger par la pression diffuse de la communication mondiale, qui ne cesse de susurrer que la vraie vie est ailleurs. Que se passe-t-il dans le vaste monde ? Ton profil a-t-il été liké ? Quel nombre de vues pour ton post ?

Internet fait entrer le dehors dedans, en même temps qu'il invite à mettre le dedans dehors. La persistance du privé dépendra de notre résistance à ces sollicitations, c'est-à-dire de notre attachement aux vies que nous menons. Car, pour extravaser nos existences dans le métavers, il n'est pas d'incitation plus puissante que le dégoût du quotidien.

TROISIÈME PARTIE

LES ANGLES MORTS DU FÉMINISME

11

Le privé n'est pas politique

> Les nazis disaient que l'unique personne qui fût encore un individu privé en Allemagne était celle qui dormait.
>
> GIULIANO DA EMPOLI

Pour une grande majorité de la population, la vie familiale associe toujours les sexes et les âges. La cohabitation de partenaires différents, homme et femme, adultes et enfants, est susceptible de se gripper, à raison de ces différences. Soudain l'arrogance masculine blesse, d'un coup la fausseté féminine accable (quand on tombe dessus, on ne se demande pas s'il s'agit de stéréotypes à déconstruire ou de prédispositions génétiques). Pour les adultes la fatigue rend stridents les cris des enfants – pour ces derniers, odieux le diktat des adultes qui les relègue dans leurs chambres. Face aux heurts de la vie courante, les uns et les autres ont désormais le recours de l'écran idéalement disposé à distraire, et qui ne trahit jamais. La vie privée n'est pas sans aspérités. Savoir si elle résistera à la serviabilité illimitée du virtuel est une question impossible à trancher. L'IA et les robots forment dès à présent une menace futuriste sur la vie familiale, telle que nous l'avons connue. Robots conversationnels aujourd'hui, robots sexuels après-demain. Ce péril a la forme d'une tentation.

Mais il est une autre menace, venue d'un passé récent, et qui conspire à fragiliser l'entité familiale. Cette autre menace a la forme d'une accusation. Dès la fin du XXe siècle, le féminisme a jeté un soupçon sur la vie privée des hommes et des femmes. Dire que le privé est politique assigne comme un but, et non comme un péril, la politisation intégrale de la vie.

L'exigence de justice est le ressort du féminisme, sa modalité est la demande d'égalité : égalité de traitement, égalité d'opportunité – aucune carrière ne doit être fermée aux femmes, « à travail égal, salaire égal ».

Aujourd'hui, dans le monde occidental, ces principes libéraux sont adoptés par tous ou presque : il restera toujours quelques machistes impénitents pour contester la possibilité même de l'égalité, remercier Dieu de les avoir faits hommes et soutenir fièrement la supériorité du masculin. Visiblement leurs rangs s'amenuisent. Une fois que les femmes sont sorties de leur statut de mineures, que les droits politiques furent acquis et les principes d'égalité admis, la poursuite de la lutte a fait refluer l'exigence d'égalité vers le domaine privé.

Les nouvelles revendications concernent le temps de travail domestique, et plus largement la balance des plaisirs et des peines : qui s'échine le plus et qui jouit le plus dans cette unité reproductive qu'est le foyer ? Pourquoi la demande de justice devrait-elle s'arrêter sur le seuil de la maison ? Et pourquoi tolérer dans le domaine domestique ce privilège masculin désormais proscrit dans l'espace social ?

Cette immixtion de la politique dans la part intime de l'existence s'est condensée en un slogan : « le privé est politique ». La formule date du XXe siècle finissant, et ce pauvre paradoxe ne s'est jamais usé. Il continue de plaire. Il avait sinon pour but, du moins pour effet de donner à des exaspérations domestiques la dignité d'un conflit de classe. Venant d'un homme, toute faiblesse, tout oubli, toute paresse devenait justiciable d'un procès d'intention : on a raison de se révolter.

D'emblée le slogan a gêné une partie des féministes, notamment celles issues de la gauche antitotalitaire, qui avaient appris, à l'épreuve du nazisme et du communisme, l'importance vitale de la distinction du public et du privé. C'est en effet par l'abolition de cette distinction que les totalitarismes du XXe siècle se sont distingués des régimes tyranniques dont l'humanité avait une expérience immémoriale. Ainsi, le despotisme oriental, dont

Montesquieu a tracé l'épure, est certes lui aussi un régime qui repose sur la peur. Cette peur maintient sous le joug ceux qui se mêlent d'avoir une existence politique : le vizir, le bey, généralement les dignitaires peuvent à tout moment tomber en disgrâce, être démis de leurs titres et soumis à des supplices. Si l'Usbek des *Lettres persanes* est contraint de s'exiler en Europe, c'est qu'il a voulu réformer le gouvernement de la Perse, et lutter contre la corruption. En revanche, les sujets qui se contentent d'une existence privée, loin des enjeux de pouvoir et des intrigues de palais, ne risquent pas d'être inquiétés dans ce type de régime. C'est le cas de dire : pour vivre heureux vivons cachés – ou même sobrement : pour vivre, vivons cachés.

Au contraire, dans le nazisme et dans le communisme, la propagande ne connaît pas de bornes, et la peur diffuse dans tous les secteurs de la société. L'activité de la police politique pénètre les associations les moins politiques – clubs de philatélistes, cercles de joueurs de boules ou de cyclistes amateurs. Enfants et adolescents sont endoctrinés dans des organisations de jeunesse, et invités à dénoncer les comportements contre-révolutionnaires de leurs parents. Alors la peur s'insinue jusque dans les foyers où les adultes doivent surveiller leur langage, les uns devant les autres, et devant ces enfants excités à les trahir. Le monde totalitaire est un monde intégralement politisé, où la terreur devient omniprésente. Plus aucun propos n'est anodin, plus aucun espace n'est sûr lorsque les liens élémentaires sont compromis et que la délation passe pour un acte héroïque.

Puisque la pénétration des organes du parti dans l'intimité des vies est caractéristique de la nouveauté totalitaire, les lectrices de George Orwell ne pouvaient ignorer les dangers de la confusion du privé et du politique, ni adhérer sans réticence au nouveau slogan. Sa filiation contestataire ne fait d'ailleurs aucun doute. « Le privé est politique » découle du « tout est politique » de Mai 68 : il en est un héritage par spécification. Tout est politique, notamment le privé. Mais cette spécification est une maximisation. Tout est politique, y compris ce qui paraît ne pas l'être, ce qui paraît fondamentalement étranger au politique.

En effet, la vie politique est occupée par la confrontation des points de vue opposés sur la chose publique – les points de vue des riches et des pauvres, les points de vue des experts et des simples citoyens. Aussi la conflictualité est-elle le régime ordinaire de la vie politique condamnée à faire prévaloir l'un ou l'autre selon les occasions, faute de pouvoir concilier une fois pour toutes ces intérêts opposés et ces points de vue divergents. Dans la vie démocratique, il n'y a pas de solution, il n'y a que des réglages. Non seulement les tensions sont inévitables dans l'espace public, mais elles sont souhaitables : mieux vaut un régime qui leur permet une expression – ce qui est le propre du régime représentatif –, qu'un régime qui les étouffe sous couvert de les avoir résolues une fois pour toutes.

Par rapport à ce centre de tensions permanentes, l'amour et la douceur des liens privés semblaient, jusqu'à peu, former un contraste complet ; il allait de soi que l'amour était l'ailleurs de la vie politique. Mais voici que les liens privés n'échappent plus au procès en domination. Au conflit des riches et des pauvres, à celui de l'élite et du peuple s'ajoutent celui des hommes et des femmes, et bientôt celui des cis et des trans. Faudra-t-il écraser toutes les relations amoureuses sous le poids du malheur et de l'inégalité, et finalement vivre la part intime de sa vie sous l'impératif de la révolte et de la dénonciation ? Des femmes averties contre la pente totalitaire auraient dû mesurer le risque. Si pourtant elles s'y rallièrent, c'est pour le rendement de cet angle d'attaque. Ce qui se découvrait dans le privé exigeait la levée de son immunité : les violences domestiques, le viol conjugal, l'inceste et les uxoricides, rebaptisés féminicides, la liste est longue des indignités et des crimes cachés à la vue du public.

Il ne fait aucun doute que les victimes de la masculinité toxique ont eu tout à gagner à ce lever de rideau. À l'abri des regards, des sévices ordinaires se commettaient en toute impunité. Si les coups et blessures ont toujours été passibles de condamnation pénale, encore fallait-il que les victimes aient le courage de porter plainte, et bien peu s'y risquaient. Certes l'uxoricide n'échappait pas à la justice, mais il bénéficiait souvent de circonstances atténuantes. Quant au viol conjugal, il n'était même pas reconnu comme tel. Au XXe siècle, la notion de devoir conjugal continuait de faire obstacle à sa prise en compte sur le plan juridique. Puisque la femme devait un service sexuel à son époux, il n'y avait pas de qualification criminelle, si patent qu'ait pu être le refus de la femme. Il a fallu attendre 1990 pour que la Cour de cassation incrimine un viol dans le cadre du mariage. Indéniablement, la dénonciation féministe a joué un rôle salutaire : grâce à elle, les violences exercées dans le privé sont progressivement apparues comme des faits inacceptables.

L'évolution de l'opinion publique est à mettre au crédit du slogan féministe. Mues par un sentiment de solidarité, des femmes ont osé soulever ce couvercle. Si elles ne l'avaient pas fait, les victimes auraient continué de subir en silence, chacune pour soi. Car ces femmes souffre-douleur n'étaient pas équipées pour voir, dans leur triste sort, une injustice politique. Elles avaient tiré le mauvais numéro, voilà tout. Grâce aux encouragements féministes, la malchance singulière a pu se commuer en révolte collective. Désormais, la patience n'est plus de mise, car le malheur privé sert à faire le procès de l'ordre public : ce que de telles situations révèlent, c'est le sexisme systémique.

À ce compte, il faudrait donc distinguer deux types

d'effraction de la sphère privée, aussi contraires dans leur direction qu'opposés dans leurs effets : la corruption totalitaire, d'une part, l'assainissement féministe d'autre part. Dans le roman d'Orwell, l'attaque vient d'en haut. Big Brother s'immisce dans le couple des amants. Non seulement il viole leur intimité quand ils se croient seuls au monde, mais il parvient ultimement à briser le couple qu'ils formaient. Le triomphe de l'idéologie, c'est de faire renier à chacun ce lien humain qui semblait essentiel. Au plus fort de la torture, Winston trahit l'amour de sa vie par un cri : faites-le à Julia pas à moi. L'intrusion totalitaire est parvenue à l'écraser, c'est-à-dire à le réduire à l'égoïsme de la survie. Il ne reste plus rien de résistant ni de tendre dans celui qui était apparu, tout au long du roman, comme un résistant et comme un amant.

Tout au contraire, la politisation du privé, telle que les féministes la préconisent, prend son essor de l'intérieur. Elle ne tombe pas d'en haut, elle part d'en bas. Elle ne fait pas de victimes, elle en sauve. Il est vrai que les féministes détruisent la clôture du privé, mais ce n'est pas pour gâcher des liens vitaux et précieux, à la manière de Big Brother. C'est au contraire pour révéler le gâchis préexistant, et faire apparaître la vraie texture des liens qui entravent la vie des femmes : ce mélange malsain de mensonge romantique et de violence ordinaire qu'on appelle la vie de famille. Le privé, à condition qu'il soit égalitaire, peut continuer d'exister, et le pouvoir politique serait malvenu d'y intervenir. Telle s'esquisse généralement la défense du slogan.

Il n'y aurait donc rien de mal orienté dans la contestation féministe de la vie privée, rien d'apparenté aux monstrueuses intrusions communistes et nazies. Il faudrait au contraire y voir une tâche peut-être harassante mais indispensable : nettoyer les écuries d'Augias de la vie privée telle que par malheur elle existe encore.

Le diagnostic féministe, c'est que la vie de couple et la vie de famille demeurent inégalitaires, et qu'il faut remédier à cet état de fait. Si le remède consiste à détruire toute vie de famille pour éradiquer le mal qui y subsiste, le remède est pire que le mal. Mais un flou artistique est jeté sur les buts ultimes : faut-il supprimer la famille ou seulement la réaménager, ce n'est pas tranché. La plupart des féministes rêvent vaguement de tirer leur épingle du jeu, c'est-à-dire de créer de « nouvelles familles » avec des hommes « déconstruits ». C'est là une reformulation en termes véhéments d'un espoir féminin qui n'a rien de nouveau : vivre auprès d'un homme aux petits soins, espérer d'un mari attention et soutien, ce sont là des attentes ordinaires. Assaisonnées de wokisme et maquillées au goût du jour, elles restent aisément reconnaissables. Sandrine Rousseau ou Camille Froidevaux-Metterie sont des femmes qui se vantent de leur mari. Si irascible soit leur féminisme et si enflammés soient leurs propos, ce sont des conciliatrices, car elles prouvent, dans les faits, que la vie de famille est possible. Inversement, les lesbiennes – entendons par là les lesbiennes radicales : celles qui font de leur orientation sexuelle un idéal politique – ne se gênent pas pour dénoncer les compromissions inévitables des hétérosexuelles. Leur rêve d'homme « déconstruit » n'est qu'un écran de fumée – le paravent de leur servitude. Et comme il arrive toujours un moment où l'homme, si déconstruit soit-il, regarde un match au lieu de passer l'aspirateur, les lesbiennes ont toujours raison.

Dans ce procès en compromission, sont exclusivement visés les couples hétérosexuels et les familles hétéronormées, car pour qu'une inégalité systémique existe, la mixité est nécessaire. À n'en pas douter, des inégalités peuvent exister dans les couples homosexuels, mais elles sont réputées aléatoires, anecdotiques ou passagères : elles ne signifient rien. Seule l'inégalité entre homme et femme révèle un phénomène sous-jacent : la domination masculine. Affirmer que le privé est politique permet de prendre la défense des faibles et des opprimés. Les femmes, au premier chef, peuvent faire valoir l'argument, mais aussi, grâce aux avancées de l'analyse intersectionnelle, les personnes invalides, obèses ou racisées. Un homme battu ne le pourrait pas. Dans son cas, le privé n'a rien de politique, il vit un enfer strictement personnel.

Le slogan féministe exclut certaines humiliations, parce qu'il s'énonce au nom d'opprimés dont l'identité est fixée d'avance : une fois posé que les femmes sont les perdantes de la vie de famille, les hommes ont un profil de coupable idéal et tout est dit. Inutile de se pencher sur la diversité des situations humaines, les rôles d'oppresseur et de victime ont été prédistribués. L'âne de La Fontaine apprenait, au prix de sa vie, que les jugements de cour vous rendent blanc ou noir. Les arrêts féministes ne sont pas moins tranchés : un homme qui gagne plus que sa femme la domine, un homme qui gagne moins vit à ses crochets.

Quels que soient les bouleversements des rôles traditionnels, les familles classiques se trouvent sous le coup d'une accusation inchangée : elles sont censées être fondées sur l'extorsion du travail féminin, sur l'infériorisation des filles et des femmes et leur aliénation au profit des dominants. C'est dans la famille et par elle que les inégalités prospèrent et se reproduisent, telle est la thèse. Par opposition, les différences observables dans les couples homosexuels apparaissent purement accidentelles : qu'un homme se mette en couple avec un homme plus jeune, moins instruit et moins riche, cela ne regarde qu'eux. La même configuration dans un couple hétérosexuel manifeste, de la part de l'homme, une répréhensible volonté d'emprise, de la part de la femme un aveuglement sur ses véritables intérêts. En acceptant de tenir le rôle de femme trophée, une jeune femme concourt à sa propre soumission puisqu'elle laisse à son époux le double avantage de l'aînesse et de l'argent, tout en avalisant la triste situation des femmes en général, leur mise en concurrence sur le marché matrimonial et leur infériorisation sociale. Autrement dit, le jeune homme pauvre fait ce qu'il veut de sa vie, y compris choisir un protecteur riche et puissant, tandis que la jeune fille pauvre, et désireuse de s'élever, d'un point de vue féministe, n'a pas la même liberté. C'est ce qui explique la réception très fraîche du film de Maïwenn sur Jeanne du Barry dans les milieux conscientisés. Maïwenn ou la du Barry seront reconnues comme des victimes et célébrées si elles se plaignent. Si elles se réjouissent de leur sort, elles sont complices du système, et à ce titre méprisées.

Ce qui est condamné par l'opinion féministe, c'est aussi le choix de vie qui demeure le plus courant. Toutes les études révèlent la tendance féminine à l'hypergamie. Compter sur l'amour pour s'élever dans l'échelle sociale est une stratégie féminine courante, nous apprennent les sociologues. Mieux vaudrait parler d'ivresse : au lieu de l'ascenseur social, de ses hoquets et de ses pannes, il y a la montgolfière de l'amour, ses brusques élévations, ses risques et ses vertiges. À part Maïwenn, peu se risquent à les évoquer. Ils ne sont plus de mise dans le discours contemporain : démodés sont les romans roses, et tombés avec eux les couples stéréotypés du patron et de la secrétaire, du médecin et de l'infirmière, et généralement de la jeune fille pauvre et de l'homme puissant. Leur tort irrémédiable, aux yeux de nos contemporaines, est de représenter le succès féminin comme entièrement passif et relatif à l'homme : de fait, réussir, dans ce domaine, c'est parvenir à se faire épouser. Il s'agit d'abord d'être choisie, puis de s'avérer capable de retenir.

Au contraire, réussir, pour un homme, c'est se hisser au sommet d'une hiérarchie professionnelle et triompher de ses rivaux par ses propres talents. Or il est très différent de compter sur ses forces et de miser sur son charme. Les femmes qui se disputent la faveur d'un homme sont en situation de rivalité : au bout du compte, il n'y aura qu'une élue. Mais ce choix ne dépend pas à proprement parler d'une action de la femme, plutôt d'une attraction qu'elle exerce (il est d'ailleurs à souhaiter, pour la paix des ménages, qu'elle l'exerce avec discrétion). Plaire, ce n'est pas entreprendre une carrière, ce n'est pas progresser professionnellement, ce n'est pas s'efforcer en aucune manière : c'est être. Si dans les domaines professionnels où les femmes ont désormais accès, elles ont, comme les hommes, à faire leurs preuves par des actes, dans la formation du couple, les actes comptent moins que la personne. C'est pour un style, un ton de voix, une silhouette qu'on est aimée – ou qu'on ne l'est pas. Le rejet est d'autant plus pénible qu'il n'y a rien à y *faire*. Dans ce domaine, l'effort est sans effet et le mérite ne compte pas. Si la solidarité entre femmes peut s'observer dans le monde du travail, dans les situations de séduction, en revanche, la division des femmes est inévitable et le mot de La Bruyère garde sa vérité : « Les hommes sont cause que les femmes ne s'aiment point[1]. »

En mettant en scène le destin de Jeanne du Barry, jeune prostituée devenue la maîtresse, puis la favorite d'un roi, Maïwenn est allée à contre-courant du préjugé contemporain en soutenant deux choses peu acceptables : premièrement, les relations inégales ne se nouent pas toujours au détriment de la partie faible, une jeune femme peut tirer profit de plus puissant qu'elle, et son ascension n'est pas illusoire. Malgré les couleuvres avalées à la cour, Jeanne du Barry a réellement profité de la situation. Deuxièmement, l'intérêt n'est pas synonyme de dessèchement de cœur : Maïwenn montre Jeanne seule au chevet du roi atteint de la petite vérole, une maladie contagieuse et mortelle. La favorite se rend auprès de lui alors qu'il est perdu, abandonné de la cour et des médecins. Si le désintéressement est une preuve d'amour sans équivoque, l'intérêt, au préalable, n'était donc pas une preuve d'indifférence. Opposer le sentiment et l'intérêt, c'est refuser de comprendre que les deux peuvent coexister. Il est possible d'aimer d'amour celui qui vous fait matériellement du bien. Bien sûr, une possibilité n'est pas une certitude, et la

1. La Bruyère, *Les Caractères*, « Des femmes », 55.

situation est forcément équivoque : il est impossible de savoir si une femme entretenue aime son protecteur, car elle a de toute manière intérêt à le lui faire croire. Cependant, le fait qu'on ne puisse pas le savoir n'implique pas qu'on doive l'exclure.

Enfin, il est une troisième leçon qui n'est pas contenue dans le scénario, mais dans le rapport de la réalisatrice à son sujet. Maïwenn a été très jeune l'épouse d'un cinéaste plus âgé qu'elle, et qui régnait sur le cinéma français. Elle n'a pas caché son identification au personnage de Jeanne qu'elle a tenu à jouer elle-même. Le film se présente donc comme un plaidoyer *pro domo*. Historiquement, les situations des deux femmes diffèrent : dans la société d'Ancien Régime, la du Barry retire de son aventure le beau château de Louveciennes. Lorsque la guillotine met fin à ses jours, en 1793, le tribunal révolutionnaire ne lui demande pas ses quartiers de noblesse : le tribunal ne fait pas de quartier. Elle a beau n'être pas née, elle est bien devenue une ci-devant.

Dans la société démocratique, Maïwenn a gagné autre chose qu'un titre de noblesse : elle a conquis le statut de réalisatrice, qui n'est pas si courant pour les femmes. En lieu et place de l'ennoblissement : l'*empowerment*. Ce que le film suggère, c'est qu'il n'y a pas à choisir entre la pente douce de la séduction et le dur chemin de l'autonomie. L'une peut conduire à l'autre, les deux peuvent aller de pair. Un féminisme étroit professe que le désir de plaire est un renoncement à l'ambition personnelle. Entre le désir et le devoir d'autonomie, il faudrait opter. L'expérience prouve qu'il n'en est rien. Le statut de jeune favorite est envié parce qu'il est enviable. Il ne coupe pas les ailes, au contraire : le fait d'être préférée donne des ailes. Si l'ambition créative de Maïwenn a pu persévérer dans une relation érotique évidemment inégale, c'est que la puissance féminine peut se développer dans le jeu amoureux. Encore une fois, cela n'a rien d'assuré. Tout succès amoureux n'est pas *ipso facto* un gage de réussite sociale : une femme, non moins qu'un homme, peut faire du plaisir une perdition en s'y livrant sans reste et sans espoir. Une autre peut faire du mariage une cage, en acceptant de renoncer à tout accomplissement personnel, jusqu'à se couper de tout dehors. Est-ce une raison pour ne pas reconnaître qu'il existe un pouvoir de la jeune beauté – une jubilation à l'exercer, un épanouissement à y découvrir ? C'est nier l'évidence.

Il est vrai que l'ascendant que l'amour donne est par nature instable : qu'il soit extrême n'entraîne pas qu'il soit durable. Il est vrai, également, que toutes les femmes n'ont pas les mêmes armes, par conséquent les mêmes chances. Contrairement au bon sens, la beauté n'est pas la chose du monde la mieux partagée : la plupart des femmes estiment qu'elles en manquent. Même dans le meilleur des cas, la beauté n'est pas une garantie de succès, ainsi que le remarquait, avec une pointe de cruauté, le moraliste : « Combien de filles à qui une grande beauté n'a jamais servi qu'à leur faire espérer une grande fortune[1] ! »

La plupart des femmes, même les plus jolies, ne connaîtront pas un triomphe à la du Barry, est-ce une raison pour nier qu'il existe ? Que la faveur soit une loterie, cela ne permet ni d'en nier l'existence, ni d'en contester le résultat au nom de l'idéal égalitaire. Il n'a pas sa place ici car la disproportion des lots est le principe de toute loterie. Faudra-t-il écraser toutes les relations humaines, si diverses et si mouvantes, sous la toise de l'égalité ?

La partialité féministe fait peser un soupçon sur les moindres gestes de la vie courante. Encore une fois, seuls les couples hétérosexuels et les familles dites traditionnelles sont ciblés par le soupçon. Mettre des fleurs dans un vase est un geste libre, nullement suspect s'il est fait par une femme lesbienne ou célibataire : dans leur cas, on admet sans discussion que c'est un agrément d'embellir sa maison. Le même geste ne va plus de soi dès lors que la femme est en couple avec un homme. Comme la parure ou le maquillage, la décoration s'appréhende alors comme assujettissement au regard masculin. Orner la maison, n'est-ce pas faire un effort pour que le mari s'y plaise ? Sachant que le partage des tâches domestiques est déjà

1. La Bruyère, *Les Caractères*, « Des femmes », 61.

lourdement en défaveur des femmes, n'est-ce pas du masochisme d'en fournir de surcroît ? Dans la perspective militante, les manières d'être et d'habiter sont impitoyablement scrutées, et pour peu qu'elles soient plaisantes, aussitôt taxées d'allégeance à l'ennemi. N'est-ce pas se faire complice de l'exploitation qu'on subit ? S'embellir, soigner son cadre de vie, chercher à parfaire ses talents en cuisine : autant de chaînes dont certaines se surchargent par soumission à la norme. Car la seule chose qu'une hétérosexuelle soit fondée à faire entendre, ce sont des griefs et des plaintes. Si elle se sent bien dans son petit monde, ce monde qu'elle crée afin qu'elle et d'autres l'habitent, elle sera mal à l'aise dans le militantisme. Une femme heureuse est en décalage avec la propagande ambiante. Elle est l'éternelle perdante au jeu de la radicalité, incapable de répéter sans restriction mentale : « Moi les hommes, je les déteste. »

Une femme trans, Daisy Letourneur, ne craint pas de donner aux hommes et aux femmes cis des leçons de radicalité : « Car le féminisme ne doit pas craindre de mettre mal à l'aise, surtout les hommes. Il n'aspire pas à chercher la tranquillité au sein des relations entre les hommes et les femmes : il doit rester inconfortable, sinon on s'enlise dans un retour à la normale[1]. »

La conviction se répand que la croissance du

1. Daisy Letourneur, « “On ne naît pas mec” : Daisy Letour-

malaise représente un progrès de la conscience. C'est une conviction idéologique. On voit bien qu'à la longue, elle doit empoisonner la vie de couple : les bons moments ne sont plus savourés, ni entourés de gratitude, ils sont engloutis en catimini, du moment que se sentir bien, c'est trahir la cause. Dans le même temps, la vindicte est valorisée, promue au rang de courage et de lucidité. À l'occasion de la réédition du *SCUM Manifesto*, le libelle de Valerie Solanas où l'intention de supprimer le sexe masculin est affirmée dès la première phrase, *Le Monde* donne la parole à Virginie Despentes qui célèbre l'actualité du texte : « Les temps ont changé et un féminisme vraiment misandre et assumé pourrait voir le jour alors que c'était impensable au moment de son écriture. Parce qu'on vit un moment Solanas[1]. » Il faut rappeler que *SCUM* signifie *society for cutting up men* (« société pour la castration des hommes »). Attachées, pour certaines, aux plaisirs de la chair, pour d'autres à la simple morale, les femmes cis, dans leur ensemble, ont la lâcheté d'espérer qu'on ne vit pas un moment Solanas.

Comme toujours, la violence humaine s'imagine ressortir à la légitime défense. Celles qui vivent

---

neur dissèque les masculinités avec malice », par Clément Arbrun, *Terrafemina*, 31 mai 2022, consultable en ligne.

1. Zineb Dryef, « Il y a cinquante ans, le choc "SCUM Manifesto", un texte féminin radical », *Le Monde*, 20 novembre 2020.

« un moment Solanas » ont la conviction de réagir : elles ne feraient que se défendre contre une violence masculine omniprésente, tolérée, voire encouragée par la société. La dénonciation des féminicides, d'abord entreprise par les « colleuses[1] » puis répercutée par tous les médias, concernait 118 femmes en 2022, un chiffre certes désolant, mais qu'il faut relativiser en le rapportant aux 15,5 millions de femmes vivant en couple dans le pays. La même année, la France déplorait 724 morts par noyade : on peut en déduire qu'il y a eu plus de femmes noyées que de femmes tuées par leur compagnon.

Indéniablement, on doit agir contre les féminicides, d'autant plus que l'exemple de l'Espagne prouve qu'une réduction de la létalité est possible lorsque l'État met l'accent sur la formation des policiers. Nul doute qu'on doit œuvrer pour un meilleur accueil des victimes, un soutien au dépôt de plainte, et parvenir à un strict contrôle des maris ou des compagnons condamnés, notamment prévoir un protocole de réaction rapide contre ceux qui enfreignent leur obligation d'éloignement et représentent, par conséquent, un danger imminent. Ces réformes de bon sens font l'unanimité, elles sont d'ores et déjà mises en œuvre, des bracelets anti-rapprochement sont utilisés en France.

1. Les colleuses sont un collectif féministe qui se charge d'afficher la nuit le chiffre réactualisé des femmes tuées par leur compagnon depuis le 1er janvier de chaque année.

Ces mesures, et l'approbation générale qu'elles suscitent, ne parviennent pas à faire baisser le sentiment de persécution, qui est le carburant de ces luttes : des femmes continuent de mourir sous les coups de leur compagnon, elles meurent parce que ce sont des femmes et que la société se fiche de la mort des femmes. S'il n'en reste qu'une…

C'est pourtant une question de savoir si les 118 femmes tuées constituent des faits divers ou des faits de société : des cas marginaux, ou la face émergée de l'iceberg. On a tranché la question en remisant aux oubliettes la notion de crime passionnel. On a décidé que cette fausse excuse, la passion, n'avait qu'une fonction : couvrir la violence et la possessivité masculines, autrement dit servir de circonstance atténuante aux assassins.

C'est ignorer que, dans le passé, cette excuse a également joué en faveur des femmes. Un exemple célèbre est l'acquittement d'Henriette Caillaux qui avait abattu d'un coup de pistolet le directeur du *Figaro* en 1914, furieuse de la campagne de presse que le journal menait contre son mari, alors ministre des Finances. C'est en plaidant le crime passionnel que son avocat avait obtenu gain de cause.

Il est probable que les hommes ont bénéficié de l'indulgence des jurys plus souvent que les femmes, du fait qu'ils ont plus que les femmes recours à la violence, et se sont plus souvent que les femmes retrouvés en cour d'assises. Henriette Caillaux,

Valerie Solanas ou Charlotte Corday ne sont pas des modèles courants.

Il y a une deuxième raison pour ne pas remiser la passion aux oubliettes de l'Histoire. Refuser, par principe, de qualifier certains crimes de passionnels rend illisible la conduite de ceux qui après avoir tué leur compagne se tuent eux-mêmes ou cherchent à le faire. Est-il plus claire signature de la crise passionnelle que le suicide ? Comment peut-on affirmer, comme il est devenu courant, qu'un homme qui va au-devant de sa propre mort cherche à asseoir son pouvoir ? Quel pouvoir, et sur qui ? Celui qui veut mourir renonce à tout.

Dans la célèbre nouvelle de Mérimée, l'histoire de Carmen est contée par Don José, du fond de la prison où il attend la mort. Il n'est pas en prison par hasard : il s'est rendu lui-même aux autorités après avoir assassiné la bohémienne dont il était fou. Il est certain que Don José ne supportait pas la liberté – et pour mettre les points sur les *i*, la liberté sexuelle – de Carmen, qui venait de lui dire en face sa volonté de le quitter.

D'un point de vue féministe, son compte est bon : Don José est un homme qui veut empêcher une femme de vivre, l'incarnation de la masculinité toxique. Ce point de vue est trop court, même s'il contient une part de vérité. Il est trop étroitement collé aux *intérêts* des femmes pour prendre la mesure d'une situation passionnelle, et même pour admettre sa réalité. Tuer pour être tué, est-ce une volonté de contrôle, ou la perte de tout contrôle ? La jalousie paroxystique ne calcule rien, mais détruit tout.

La critique féministe campe sur le refus de considérer les motivations du criminel. C'est qu'elle se focalise sur les effets induits – pompeusement appelés systémiques. Ils existent, car le criminel et sa victime ne sont pas seuls au monde. Le meurtre d'une femme libre risque d'avoir des effets d'intimidation sur la conduite d'autres femmes. Terrifiées par ce genre d'information, celles qui souhaiteraient quitter un compagnon lourd et désérotisé risquent d'ajourner leur décision. Donc, si une femme perd la vie, l'ensemble des femmes perd en liberté, ainsi va le raisonnement.

La prise en compte de ces effets externes, si elle a sa raison d'être, ne doit pas rendre aveugle à ce qui se passe dans un couple qui s'engage dans la violence. Bien des fois, ce n'est pas de domination mais d'autodestruction qu'il s'agit.

Après l'art d'éviter les fous, bien énoncé par La Fontaine[1], l'art de quitter diplomatiquement devrait devenir un objet de réflexion dans une civilisation du divorce (il est vrai que la diplomatie aussi connaît des échecs). Plaider pour des ruptures en douceur, cela ne remet évidemment pas en cause le droit de quitter, qui est universel ; force est pourtant de reconnaître que l'universel n'est

1. *Fables*, Livre IX, fable VIII, « Le fou qui vend la sagesse ».

pas d'un grand secours dans les cas particuliers. J'ai le droit, ai-je les moyens ? Souvent, dans l'immédiat, mieux vaut faire baisser la colère que revendiquer haut et fort sa liberté.

Il n'est bien sûr pas question d'admettre la violence, mais de la repérer, afin de l'éviter. Si proclamer sa décision de rupture met Carmen en danger, sa fière déclaration revient à opposer sécurité et liberté, quand il s'agit de faire progresser l'une et l'autre.

Le féminisme discrédite le langage des passions, qu'il juge truffé de stéréotypes, et donc compromis au service du patriarcat : du côté des bourreaux, on ne parlera plus de jalousie, mais de contrôle des femmes ; du côté des victimes, plus d'amour, mais d'emprise. Changer le vocabulaire ne modifie pas le phénomène : si une femme, capable de subvenir à ses besoins, reste en couple malgré les coups, peu importe qu'on la dise amoureuse ou sous emprise. Le risque est inchangé pour elle. Mieux vaudrait qu'elle soit en mesure de se comprendre afin de revenir à elle. Or condamner les sentiments n'a jamais été la méthode pour en venir à bout.

La poésie et le roman ont le pouvoir de mettre à distance les passions, parce qu'ils leur donnent voix. La littérature tient le registre des passions et les distingue : certaines sont autodestructrices, d'autres criminelles, certaines sont communes aux deux sexes, d'autres propres à chacun d'eux – la jalousie masculine n'est pas la même chose que le ressentiment de la femme abandonnée, la fureur de Don José n'est pas la même que la colère de Médée, qui se retourne contre ses enfants. Le féminisme refuse d'entrer dans la casuistique littéraire : il ne voit pas l'intérêt de l'examen des cas. Car son but n'est pas l'exploration mais la massification des griefs. L'individualisation ne fait pas ses affaires.

Enrôler la détresse singulière dans le malheur global des femmes, faire entrer le destin de chacune dans une vaste identité victimisée qui la dédouane et la dépasse, tel est le moyen de produire – ou de révéler – l'antagonisme entre les sexes. Ce travail de mise en forme et de polarisation, qui opère dans le cas des « féminicides », est également à l'œuvre à propos du viol, dont la définition connaît une extension toujours croissante.

12

Le viol, les viols

Il est actuellement question de redéfinir le viol comme un acte sexuel qui n'est pas précédé d'un consentement explicite. C'est la position défendue par Audrey Darsonville dans une tribune au *Monde*. La professeur de droit pénal rappelle une proposition de directive du Parlement européen du 8 mars 2022, qui engage les États membres à définir comme « acte non consenti un acte accompli sans que la femme ait donné son accord volontairement ou dans une situation où la femme n'est pas en mesure de se forger une volonté libre en raison de son état physique ou mental, par exemple parce qu'elle est inconsciente, ivre, endormie, malade, blessée physiquement ou handicapée[1]… ». Comme souvent dans la rhétorique progressiste, suit l'énu-

1. Audrey Darsonville et François Lavallière, « Violences sexuelles : "La France doit inscrire le consentement au cœur de l'infraction de viol" », *Le Monde*, 22 novembre 2023.

mération des pays qui depuis le Canada jusqu'à Malte (Malte !), en passant par l'Espagne, l'Allemagne, la Suède et l'Irlande, ont déjà ratifié cette redéfinition.

On peut rappeler que c'est à cause d'une telle redéfinition de ce crime que Julian Assange a dû passer sept ans confiné dans l'ambassade d'Équateur à Londres, dans la crainte d'une extradition aux États-Unis. L'auteur des WikiLeaks était poursuivi en Suède pour viol, accusé d'avoir eu un rapport sexuel non protégé et non consenti avec une Suédoise en 2010. Le célèbre hacker avait eu précédemment des rapports protégés et consentis avec cette même partenaire qui, au moment des faits, dormait nue dans le même lit que lui. Il a toujours clamé son innocence, affirmant que sa partenaire avait accepté ce rapport sans préservatif. La justice suédoise a clos l'affaire en 2020, faute de preuve.

Ce cas emblématique n'invalide certes pas la redéfinition du viol. Rien n'autorise moralement à profiter de l'inconscience d'une femme, qu'elle dorme ou qu'elle soit soûle. Il montre en revanche que cette redéfinition n'est d'aucune utilité en pratique. On se retrouve devant la situation classique : parole contre parole. Malgré toutes les proclamations de bienveillance – « Femmes on vous croit » –, il n'y a toujours pas moyen, juridiquement, de sortir de cette impasse. Même en Suède. Voilà bien avancés, ces pays « tellement en avance ».

Pour que le consentement ait une portée juridique effective, il faudrait qu'il soit vérifiable : un consentement verbal est donc insuffisant, à moins d'être enregistré. On peut imaginer une application de smartphone que la femme devrait activer – et non pas une seule fois, dès l'entrée en matière, mais à chaque développement – progression prévisible ou péripétie inattendue – du rapport sexuel. On voit bien ce qu'un tel contrôle en temps réel pourrait ôter de naturel aux jeux de l'amour physique. Une autre solution serait de filmer intégralement les ébats, malheureusement cela pose d'autres problèmes pour la sécurité des femmes, exposées au *revenge porn*. On ne voit donc pas comment apporter de la lumière dans ce qui, par nature, se dérobe à la vue.

Ce n'est pas l'objection que soulève Catharine MacKinnon, très hostile à l'introduction de la notion de consentement dans la loi, ce qu'elle expose dans un entretien au titre explicite : « Le consentement est le principal prétexte, légal et social, de ne rien faire contre les agressions sexuelles[1]. »

MacKinnon commence par rappeler la gravité du viol, non pas comme traumatisme individuel, mais à l'échelle politico-mondiale : « Les agressions sexuelles et le viol sont moteurs dans chaque système d'oppression élaboré par l'homme, au nombre

1. Catharine MacKinnon, propos recueillis par Julien Laroche-Joubert, *Le Monde*, 20 novembre 2023.

desquels comptent l'esclavage, le colonialisme, la guerre, le génocide et l'ensemble des crimes contre l'humanité. » Il s'agit d'une affirmation sonore, mais sans preuve : si des viols ont toujours accompagné les violences historiques, cela ne prouve pas qu'ils en étaient le moteur : Hitler avait-il des projets de viol quand il projetait d'éliminer les juifs d'Europe ? C'est improbable, puisque tout rapport sexuel entre un aryen et une juive tombait sous le coup de la loi.

Du fait que ces agressions jouent un rôle central dans la domination masculine, MacKinnon en conclut que « la question sexuelle est en premier lieu une question politique ». Non seulement la dimension individuelle n'est pas envisagée, mais elle est récusée. Le sexuel est politique, cela signifie que les impressions personnelles sont hors sujet. Plutôt que d'entrer dans les arguties du consentement, il faut selon MacKinnon examiner les inégalités qui entachent l'acte sexuel et le marquent du poinçon de la domination : si l'homme est plus riche, plus fort physiquement ou plus mûr que sa partenaire, il y a présomption de viol ; point n'est besoin de se demander si la femme consent ou non à cette érotisation de la subordination. Victime meurtrie ou victime jubilante, c'est tout un. Autant dire que, dans le monde de Catharine MacKinnon, un homme ne pourrait guère avoir des rapports sexuels confiants avec une partenaire, à moins qu'elle se trouve être plus grande en taille et plus âgée que lui, plus forte physiquement et mieux dotée économiquement. Le cas n'est pas courant, et les hommes qui ne veulent pas être qualifiés de violeurs auront toutes les raisons d'éviter le contact des femmes. D'Audrey Darsonville à Catharine MacKinnon, on est passé de « femmes on vous croit » à « femmes on vous craint ». Il est douteux que ce retournement soit un progrès juridique ou moral, même si cette perspective – inspirer la crainte, reprendre le dessus – doit faire à certaines victimes de viol l'effet d'un remontant bien mérité.

Profiter de l'inconscience d'une femme pour lui imposer une pénétration, jouer de sa position hiérarchique pour lui extorquer un consentement, ce sont clairement des actions moralement répréhensibles. Malheureusement, ce qui est moralement injustifiable peut s'avérer extrêmement probable. Aux États-Unis, c'est le cas des viols en milieu étudiant, qui défraient la chronique depuis une trentaine d'années. Ils se produisent fréquemment dans les fraternités, après des fêtes très arrosées. Dans les universités américaines, des agents ont été spécialement formés pour recueillir et traiter juridiquement les plaintes des victimes, ce qui crée fatalement une distorsion en sens inverse – les personnels formés ont *besoin* qu'il y ait des victimes pour justifier leur poste et pérenniser leur emploi.

Quand une jeune femme complètement ivre se retrouve à dormir dans le lit d'un garçon inconnu, et qu'elle se rend compte au réveil qu'elle a été violée, c'est évidemment injuste et lamentable, mais ce n'est pas étonnant. Camille Paglia avait risqué à ce propos une comparaison brutale : si vous laissez votre portefeuille sur un banc à Central Park et que vous venez le chercher deux heures après, il y a toutes les chances qu'il ait disparu, même si ce n'est pas juste.

Un tel bon sens est odieux aux féministes, pour au moins deux raisons : premièrement, il jette le blâme sur la victime *(victim shaming)*, jusqu'à soulever des questions sur son éventuelle inconduite *(slut shaming)* : double peine ! Deuxièmement et plus généralement, il attend de chaque femme qu'elle se vive comme un portefeuille qu'il ne faut pas laisser traîner : autant dire que chacune se reconnaisse comme objet de désir, et se conduise en conséquence. C'est donc une réhabilitation de la prudence, qui a toujours eu part à l'éducation des filles – dans l'Angleterre victorienne, elle allait jusqu'à la pruderie. C'est exactement cela qui est insupportable aux féministes : il n'est pas question pour elles d'admettre que les femmes sont des sujets extro-déterminés, et qu'elles doivent tenir compte des désirs qu'elles suscitent. Elles sont les égales des hommes, point à la ligne. Le désir masculin, qui est omniprésent, souvent pesant, parfois dangereux, n'a pas à leur dicter leur conduite, ni pour l'orienter ni pour la limiter. C'est au désir masculin de s'effacer, ce n'est pas à elles.

Une telle conviction contient à part égale

l'affirmation des droits et le déni des faits. À n'en pas douter, un des grands progrès de la civilisation occidentale fut d'apprendre aux hommes à se contenir pour laisser aux femmes plus de liberté. Qu'on impute ce progrès à la perspective chrétienne, à la morale chevaleresque ou à l'invention plus tardive de la galanterie, le fait est là que l'espace occidental a connu une mixité plus grande et plus précoce que d'autres civilisations, qu'il a permis une plus grande visibilité des femmes dans les rues, dans les commerces ou sur les planches des théâtres. Par conséquent, en Europe, la puissance publique a dû prendre en charge, au moins en partie, la sécurité des femmes, tandis que dans d'autres aires, c'est leur réclusion à domicile qui garantissait leur sécurité. Quand le monde est régi par les lois de l'honneur, c'est aux familles, et non à l'État, qu'il incombe de veiller sur la pureté des filles, ce qui veut dire (aussi) leur sécurité.

Il est absurde d'oublier que cette liberté féminine est conquise sur la nature, comme les polders sur la mer. Comme tout ce qui est gagné sur la nature, il s'agit d'une conquête fragile, menacée par des éboulements et des brèches qu'il faut réparer sans cesse. À la retenue tous les hommes ne parviennent pas. Or, par nature, le corps des femmes est vulnérable, étant en moyenne moins grand, moins fort, et toujours pénétrable. Pour un homme, la possibilité d'imposer sa jouissance par la force est une donnée. Ce qui est effrayant pour les femmes est revigorant pour lui. Je me souviens d'être tombée assez jeune sur un passage de Henry Miller. L'Américain se trouve à Paris, dans un autobus, sans argent et sans perspective, plutôt abattu. Il est soudain réconforté à l'idée que toutes les femmes qu'il voit autour de lui, assises sur les banquettes, debout dans la travée, toutes sans exception ont un trou entre les jambes. Cette vision des passagères m'avait causé un malaise, à l'idée – une révélation – que les hommes que je croisais dans les transports en commun puissent me voir de cette façon, dans le troupeau des trouées. Je n'y avais jamais pensé, je n'ai jamais ouvert un livre de Miller depuis. Une fois suffit.

Quand une jeune féministe revendique le « droit » d'être soûle aussi bien que les garçons, elle signifie qu'elle n'admet pas l'asymétrie des positions sexuelles. Elle ne veut pas le savoir, cela se comprend.

De là vient la fortune de l'idée de « culture du viol ». C'est une idée aberrante. Certaines sociétés ont fait preuve de tolérance à l'égard de la prostitution ; aucune n'a jamais encouragé le viol. Il est vrai que dans la France d'Ancien Régime le châtiment pouvait envelopper sans distinction le coupable et la victime, comme l'a rappelé Georges Vigarello dans son *Histoire du viol.* Cette confusion nous surprend. Elle se produit aujourd'hui encore : en Afrique, dans les Balkans, même en contexte de guerre, les femmes violées continuent d'encourir la réprobation. Elles sont stigmatisées pour ce qu'elles ont souffert.

Cette double peine, si choquante soit-elle, ne doit pas être prise comme une disculpation du violeur, mais comme une dramatisation du crime. La confusion du coupable et de l'innocente déconcerte nos modes de compréhension morale. Il va de soi pour nous que le crime commis mérite punition, tandis que le crime subi exige réparation.

Si d'autres sociétés n'en conviennent pas, c'est que la sexualité illégitime et violente implique une souillure. C'est tout le contraire d'un encouragement au viol, c'est une hypertrophie du crime. La femme souillée se voit frappée d'indignité. Elle est comme la pomme pourrie qu'il faut ôter du cageot sans quoi elle contaminerait les fruits sains. La femme souillée menace de corrompre ses voisines et ses compagnes, tout d'abord en leur prouvant que l'acte sexuel illégitime n'est pas si grave : elle est la preuve vivante qu'on n'en meurt pas. La femme violée est coupable de la même façon qu'Œdipe l'était pour les Grecs : l'un et l'autre sont le support de la souillure, laquelle résulte d'un crime abominable, peu importent la volonté et le degré de conscience du protagoniste.

Les féministes tirent aussi argument de l'industrie pornographique, cette fois pour établir l'existence d'une « culture du viol » dans les sociétés actuelles. De fait, la diffusion de la pornographie, qui existait en tant que niche dans l'industrie cinématographique, a connu une extraordinaire expansion sur Internet. L'exposition des mineurs est une source de préoccupation croissante. L'accès repose actuellement sur la simple déclaration. Le jeune public était autrefois protégé des contenus explicites par le classement X des films, projetés à l'époque dans des salles spécialisées, lesquelles risquaient la fermeture si elles laissaient entrer des mineurs. Un tel levier d'action n'existe plus. Le gouvernement souhaite réinstaurer un contrôle, des comités réfléchissent aux moyens de rendre les plates-formes responsables en leur confiant la charge de vérifier l'âge des internautes. Mais, jusqu'à présent, aucune solution n'a été mise en œuvre, et la consommation est en hausse.

En France, plus de la moitié des garçons de douze ans (et moins d'un tiers des filles) ont fréquenté un site pour adultes. Entre seize et dix-sept ans, le chiffre s'élève à 65 % des adolescents – contre 31 % des adolescentes, un écart selon les sexes qui persiste à l'âge adulte. Plus inquiétant s'il est possible, ces chiffres sont en augmentation : le nombre de mineurs fréquentant les sites pornographiques a bondi de 36 % en cinq ans, ce qui représente 600 000 jeunes usagers de plus. Consultés bien avant l'âge du premier rapport sexuel, les sites pornographiques constituent donc la première source d'information sexuelle à la disposition des adolescents, avec tous les biais qu'on peut craindre : les attentes aberrantes qu'ils propagent et les divers malaises qui peuvent en résulter. Tandis que certains garçons s'inquiètent de leurs capacités, devant l'anatomie surnaturelle et les performances irréalistes des acteurs pornographiques, les filles, qui éprouvent elles aussi des complexes physiques devant la plastique des actrices, sont en outre dégoûtées par les postures de soumission que leur prescrivent les scénarios courants. Tant de docilité devant les désirs masculins les étonne et les choque : comment s'expliquer un assujettissement si peu en accord avec l'idéologie démocratique ? Que devient l'égalité des hommes et des femmes serinée par l'école et dans les familles ? Enfin, comment admettre, pour soi, ce qui apparaît comme un écœurant esclavage ? Certains psychiatres ont mis en relation l'exposition précoce à la pornographie et l'accroissement du transgenrisme chez les toutes jeunes filles. Elles représentent à présent, dans les pays occidentaux, entre deux tiers et trois quarts des candidats aux interventions, hormonales et chirurgicales, destinées à produire l'apparence de l'autre sexe. Nombre d'entre elles n'ont pas éprouvé de dysphorie de genre dans l'enfance, mais refusent soudain, à l'orée de la puberté, d'entrer dans un destin de femme : « Elles fuient la féminité comme une maison en flammes », écrit Abigail Shrier.

La pornographie enseigne activement le dégoût de la féminité à celles qui ne voient pas le moyen de conserver la moindre estime de soi tout en recherchant le plaisir. C'est la majorité. Quant à la minorité, soit les adolescentes qui fréquentent des sites pour adultes, près du tiers de chaque classe d'âge, diverses transactions leur permettent de satisfaire leur curiosité, ou de faire valoir leur complaisance, tout en gardant le spectacle à distance. Celles qu'on abaisse ou qui s'abaissent, ce sont des actrices, des hardeuses, ce n'est pas elles. Il s'agit de fictions : ce sont des mises en scène, des exagérations. Elles escomptent que, pour elles, la réalité sera moins humiliante et plus tendre, car elles sauront se faire aimer, elles auront assez de charme pour amadouer le phallus, comme si le scénario de la Belle et la Bête leur servait à filtrer le spectacle pornographique. Enfin, il existe une minorité de cette minorité prête à tout voir et à tout supporter, sans discussion ni réserve, qui parvient à rétablir une estime de soi par un retournement complet, en se flattant de devenir expertes ès sexualité. Ce sont des filles qui sont en danger de tourner mal, et qui l'ignorent, celles qui se targuent de regarder la réalité en face, et de voir ce que les autres – des mijaurées, des saintes nitouches – sont incapables de supporter. C'est par le même genre de retournement qu'un adolescent à problèmes peut s'enorgueillir de devenir une petite frappe.

Il ne s'agit donc pas de nier que la pornographie soit un problème, c'est un problème, à plus d'un titre. C'est un problème pour les gouvernants, qui ne parviennent pas à en réguler l'accès, et c'est un problème en soi, l'expression concentrée du désaccord sexuel, du moment que ce qui est excitant pour la majorité des garçons est humiliant pour la majorité des filles. Si l'entente sexuelle est le but, on doit reconnaître que le chemin n'est pas linéaire, qu'il est à découvrir pour chacun d'entre nous, et que dans ces matières la désunion précède l'union. Il n'y a d'ailleurs pas lieu de penser que c'est une difficulté strictement contemporaine, et que c'était mieux avant. En France, jusqu'à la Seconde Guerre mondiale, l'initiation des garçons passait majoritairement par la visite au bordel, une solution qui nous choquerait aujourd'hui, et qui n'était pas plus favorable à la dignité des femmes, même si elle a laissé de bons souvenirs à certains (dans ses Mémoires[1], Claude Lanzmann se remémore avec gratitude ce passage obligé).

Il n'y a évidemment pas de culture du viol, dans un pays où le viol est réprimé par les lois, les violeurs recherchés par la police et condamnés par les magistrats. Sans doute le sont-ils imparfaitement. L'aspiration à la sécurité est on ne peut plus légitime. Il est naturel que les femmes souhaitent une plus grande efficacité quant à la répression d'un crime qui les cible en priorité, mais pas au point de s'aveugler sur la différence entre ce qui est légal et ce qui ne l'est pas. Il est loisible de juger que la répression est inefficace, il est délirant d'imaginer

1. *Le Lièvre de Patagonie*, Paris, Gallimard, 2009.

que le crime est favorisé. Car non seulement le viol est condamné pénalement, mais il l'est encore socialement, et il l'est absolument : nul ne s'en vante, pas même les souteneurs. Jusque dans les prisons, les « pointeurs » sont en butte aux persécutions des autres prisonniers. Il est vrai que des représentations de violences faites aux femmes sont fréquentes dans l'industrie pornographique, mais combien d'hommes avouent regarder ce genre de vidéos ? Sans doute en retirent-ils de l'excitation, mais il s'agit de pratiques honteuses, comme la consommation de drogues, et plus encore. Le texte ordinaire de la vanité masculine consiste à exagérer le plaisir donné aux femmes, et non pas les souffrances qui leur sont infligées.

Il est crucial de marquer cette différence entre ce qui est permis et ce qui est prohibé, car c'est là que s'immisce la politisation abusive. C'est un point sensible entre tous, car c'est la part la plus inadmissible et malheureusement la moins évitable de la condition féminine. La plupart des filles et des femmes sont exposées au risque de viol, donc à la crainte du viol. Quelques filles ultra-favorisées y échappent, doublement protégées par un environnement familial attentif et un milieu social opulent. Il faut les deux, conjonction rare. Entre la richesse, qui crée des barrières, et la famille aimante, qui veille à l'intégrité des siens, il arrive qu'une fille grandisse dans une sécurité telle qu'elle échappe à la conscience de sa vulnérabilité.

En revanche, le grand nombre sait de quoi il en retourne. Dans le métro ou dans la rue, la promiscuité enseigne aux filles leur statut de proies. Qu'elles soient verbales ou physiques, les agressions se chargent de leur rappeler qu'elles appartiennent au sexe faible. Particulièrement en danger sont celles qui passent outre, décident de vivre comme des hommes, de faire du stop, de boire jusqu'à l'inconscience ou d'arpenter les rues à 3 heures du matin. C'est un fait cruel, mais constant : celles qui le craignent le moins le risquent le plus.

Toute société s'attache à contenir les jeunes mâles dont les désirs débordent et menacent l'ordre établi. Aucune n'y parvient parfaitement. Le primatologue Frans de Waal arrive à la même conclusion, observant que, dans tous les groupes sociaux connus, les garçons sont à la fois plus enclins à la violence et plus forts physiquement que les filles : « Chaque société doit faire face à cette double réalité et parvenir à civiliser ses fils[1]. »

Échouer à endiguer, ce n'est pas la même chose que favoriser : il faut un vif sentiment de persécution pour imaginer, à l'inverse, que la société encourage les violents. Mais les jeunes femmes, particulièrement les jeunes victimes, éprouvent un tel sentiment. Si le thème de la « culture du viol » est une aberration sur le plan rationnel, il est plei-

1. Frans de Waal, *Différents. Le genre vu par un primatologue*, Paris, Les liens qui libèrent, 2022, p. 247.

nement compréhensible sur le plan psychologique. Poser que le viol n'est pas une donnée naturelle mais un fait social, cela permet, au moins imaginairement, de tabler sur sa disparition. Cela offre un exutoire à la colère : la vie diminuée qui nous est assignée n'a aucune raison d'être. C'est une injustice contre laquelle il faut lutter, non pas un état dont il faudrait s'accommoder. Les jeunes féministes préfèrent se battre contre ce moulin, la culture du viol, plutôt que de subir, sans se révolter, ce qui, de fait, est révoltant.

La seconde voie de politisation consiste à incriminer l'ensemble des hommes, ou la classe des hommes pour parler comme Colette Guillaumin. Cela fut exprimé avec toute la force souhaitable par Susan Brownmiller dans son essai intitulé *Le Viol* :

> Du point de vue de l'homme, la découverte que les organes génitaux pouvaient lui servir d'arme pour provoquer la peur doit être classée parmi les découvertes les plus importantes de la préhistoire, à l'égal du feu et de la première hache en pierre. J'estime que le viol a joué un rôle essentiel de la préhistoire à nos jours. Ce n'est ni plus ni moins qu'un processus conscient d'intimidation qui permet à tous les hommes de maintenir toutes les femmes dans la peur[1].

L'argument peut être rendu légèrement moins délirant en posant que les hommes sont globalement

1. Susan Brownmiller, *Le Viol*, cité par F. de Waal, *Différents*, *op. cit.*, p. 240.

les bénéficiaires de ces crimes, quand bien même ils les réprouvent et sont à cent lieues d'en commettre eux-mêmes. C'est le sens d'un slogan du siècle dernier : « les violeurs sont les milices du patriarcat ».

L'argument se développe ainsi : le viol sert à remettre les femmes à leur place. De même que le patronat compte sur ses milices pour protéger les usines, ou les latifundiaires pour défendre leurs domaines, de même le patriarcat s'arrange de l'existence des violeurs qui privent les femmes de la liberté d'aller et venir en les contraignant à vivre dans la peur. Ce sont eux qui les contiennent dans les bornes de leur condition. C'est au prix de ces violences que tous les hommes gardent la jouissance physique des espaces où les femmes n'osent pas s'aventurer, en même temps que la jouissance morale des supposées qualités féminines, comme la pudeur, la retenue ou la déférence – toutes qualités prétendument naturelles qui ne sont, en réalité, que les effets de la peur. Ainsi, ceux qui n'iraient pas se salir en exerçant eux-mêmes la violence sexuelle en profitent indirectement : ce qui fait la misère des opprimées fait le confort des oppresseurs.

Ce raisonnement est analogue à celui qui met en cause toutes les personnes de race blanche supposées bénéficier collectivement du racisme systémique, y compris les personnes qui ne se sentent pas racistes – leur déni prouve qu'elles le sont –, y compris celles qui ont un passé d'antiraciste engagé. Leur militantisme ne pèse rien. Les blancs sont du mauvais côté de l'Histoire, ils ont profité d'une manière ou d'une autre, volontairement ou involontairement, des crimes de l'esclavage et de la colonisation : leurs intentions individuelles n'ont pas d'importance. Relativement à l'objectivité du crime et à son énormité, ce qu'ils pensent est négligeable.

Le premier défaut de cet argumentaire est la méconnaissance historique, car des alliés fiables ont existé dans le passé. Des blancs ont lutté efficacement pour l'abolition de l'esclavage, d'autres – parfois les mêmes – pour le progrès des droits des femmes. Ce n'est pas faire injure aux féministes que de rappeler les noms de Condorcet ou de John Stuart Mill. C'est au contraire montrer que leurs thèses pouvaient convaincre de grands esprits : faire appel au sens de la justice n'est pas vain. Inversement, frapper indistinctement tous les hommes du même blâme est une injustice inutile.

Car le second inconvénient de ce genre d'attaque est de décourager les bonnes volontés ; quand on cherche à faire avancer une cause, il est impolitique de désespérer les alliés. C'est méconnaître qu'ils ont un rôle à jouer, non seulement intellectuellement, par leurs réflexions et leurs écrits, mais aussi concrètement, en fournissant dès à présent l'exemple de nouveaux comportements. Au XVIIe siècle, les jeunes aristocrates qui se pliaient aux nouvelles manières de la galanterie valaient mieux que les barbons qui entendaient maintenir leurs prérogatives, enfermer leurs femmes et les corriger comme au bon vieux temps. Molière a méthodiquement mis en scène cette opposition dans *L'École des maris*. Pendant la Révolution, les rares qui secondèrent Olympe de Gouges dans sa déclaration des droits des femmes valaient mieux que les adversaires de leur émancipation : Condorcet qui écrivit *Sur l'admission des femmes au droit de cité* n'équivaut pas à Sylvain Maréchal, auteur d'un *Projet d'une loi portant défense d'apprendre à lire aux femmes*. Aujourd'hui les nouveaux pères qui prennent soin de leurs enfants en bas âge valent mieux pour leur compagne que les pères à l'ancienne qui se dispensent encore de nourrir et de langer.

Enfin le troisième inconvénient de ce pseudoradicalisme, c'est de disqualifier la réflexion, le jugement, et généralement la compréhensibilité des positions. Tenir pour nulles les intentions des « dominants », c'est du même coup dédaigner leurs convictions, et ne pas se préoccuper de leur en démontrer les défauts. Ne pas s'intéresser à ce qu'ils veulent, c'est nécessairement se moquer de ce qu'ils croient. Tenter de les convertir par l'exposé des raisons forme aux yeux des militantes le type même de l'entreprise sans intérêt : simple inconséquence, pure dispersion. Les oppresseurs sont ce qu'ils sont, inutile de leur parler. Chercher à les persuader n'est qu'une perte d'énergie. Seule la lutte paye.

Refuser de prendre en compte les différences d'opinion et de conduite qui visiblement continuent d'exister, cela n'a qu'une finalité : durcir l'antagonisme. Se lancer dans cette voie, c'est souscrire à l'antique formule, *Polemos est le père de toute chose*, et parier que seul le conflit permettra ultimement d'améliorer le sort des femmes.

Indéniablement, la perte d'intelligibilité représente un gain de radicalité. Dans la perspective militante, mieux vaut une description inexacte de la réalité que des informations vérifiées qui se révéleraient démobilisatrices. Plutôt la partialité que la pondération, plutôt l'extrémisme que la demi-mesure. Disqualifier la persuasion, ce n'est pas chercher la guerre, c'est déjà la faire.

Faut-il tout amalgamer ? Même le crime veut des nuances. En mettant en regard deux types de viols sans commune mesure, le roman de Coetzee, *Disgrâce*, donne à penser la différence des situations vécues. Le roman commence par l'abus, assez équivoque, d'un professeur sur une de ses étudiantes, une jeune Asiatique qui est venue chez lui après le cours, à qui il a versé un verre de vin avant de l'entraîner dans un rapport sexuel auquel elle ne s'est pas dérobée. Cette jeune fille revient lui demander l'hospitalité quelques jours après, et le professeur, David Lurie, l'installe dans une chambre et la laisse dormir. Quelque temps plus tard, à sa surprise, il est dénoncé par elle aux autorités universitaires. Sans chercher à savoir ce qui a causé ce revirement chez sa partenaire d'un soir, il refuse de plaider sa cause, accepte sans discuter la sanction maximale de la commission universitaire, qui est la perte de son poste.

Le second viol n'a rien à voir avec ce premier cas, qui reste quelque peu énigmatique. Sans emploi, le protagoniste se réfugie chez sa fille, Lucy, une jeune femme lesbienne qui tient une ferme et fait du gardiennage de chiens. La ferme est à l'écart. Elle est attaquée par une bande de cambrioleurs noirs ultra-violents. Ils commencent par mettre le père K.-O. Ils lui brûlent les cheveux, lui plongent la tête dans la lunette des W.-C., pendant que d'autres violent sa fille. Avant de s'enfuir, ils abattent un à un les chiens qui étaient en pension dans les enclos à l'extérieur. Le roman accuse autant qu'il est possible le contraste entre le viol nouvelle formule et le viol à l'ancienne. Le viol de campus correspond à la redéfinition d'Audrey Darsonville soutenue par la directive du Parlement européen : un rapport sexuel obtenu sans consentement explicite. Dans ce premier cas, il n'y a eu ni surprise ni violence, mais l'absence de consentement suffit à qualifier les faits, ainsi que le statut de l'enseignant, puisqu'il abuse de l'autorité que lui confèrent ses fonctions.

Le viol à la ferme, en revanche, s'accompagne de la pire sauvagerie. Comme dans une scène de guerre, la peur de mourir est au premier plan. Si indispensable soit-il de veiller à la sécurité et même à la tranquillité d'esprit des étudiantes sur les campus, il faut se demander s'il est raisonnable de mettre un signe d'équivalence entre les deux situations. Comme pour aggraver le malaise, il y a une sanction sévère dans le premier cas, et David Lurie, chassé de l'université, entame une chute sociale irréversible. Au contraire, le viol sauvage n'a pas de suite judiciaire, Lucy renonçant à porter plainte.

Au début de MeToo, les actrices, les premières, ont mis en lumière l'existence de ces viols en douceur, qui pour être commis sans surprise ni violence n'en laissent pas moins aux victimes un dégoût profond et durable. On pourrait soutenir que de tels actes se rapprochent davantage de situations de corruption que de viols au sens ordinaire du terme ; l'intimidation est là, sans doute, et la disproportion des protagonistes, mais la composante de terreur fait défaut. Depuis lors, dans tous les milieux, des femmes ont dénoncé des cas d'abus et de harcèlement. Ce faisant, elles ont magistralement éclairé l'expérience réelle de la jeune beauté – une situation que les hommes avaient toujours supposée enviable, sans concevoir combien leur désir est pesant, pénible et parfois dévastateur.

Néanmoins, la confusion entre des expériences si différentes ne peut satisfaire que les extrémistes, qui ne se lassent pas d'assener qu'un viol est un viol. Quand une journaliste affirme qu'elle ne pouvait faire autrement que de céder au rédacteur en chef, pour faire avancer sa carrière, quand une actrice s'abaisse à accepter les avances d'un producteur, parce qu'elle veut le rôle, on peut juger déplaisants ces choix contraints, mais il est indécent de parler de viol : c'est faire injure aux victimes véritables. Un rapport sexuel déplaisant n'est pas un viol. Un rapport sexuel qu'on regrette après coup n'est pas un viol.

Certes, il faut convenir avec Catharine MacKinnon que les hommes utilisent leur pouvoir et leur prestige pour assouvir leurs besoins sexuels. Est-ce un crime ? À moins que la femme soit mineure, à moins qu'il existe un élément de surprise et par conséquent de sidération, celle qui accepte de telles propositions n'a guère de raison de s'en plaindre après coup. Car, s'il n'est pas brillant de corrompre, il n'est pas glorieux de se laisser corrompre. Il faut aussi penser à celles qui ont dit non – qui n'ont pas eu le rôle, qui n'ont pas eu le poste. Il y a viol quand la femme n'a pas de liberté : tant qu'il existe un lien entre une amélioration, si minime soit-elle, de sa situation matérielle et un rapport sexuel non désiré, l'accepter est une forme de prostitution. On a bien raison de juger cette proposition dégradante, mais ce n'est pas un viol.

Dans ces situations troubles de corruption, il peut se produire des indélicatesses ou même des escroqueries. À la différence de la prostitution tarifée, le contrat de départ n'est pas clair : supposons qu'une *wannabe* cède aux instances d'un producteur, et que par la suite elle n'obtienne pas le rôle. Elle peut légitimement se sentir flouée, et furieuse au point d'intenter un procès pour viol au fourbe qui n'a pas tenu ses promesses. Ce n'est pas un scénario fantaisiste. C'est la situation de la plainte de Mme Patterson-Spatz, ex-escort, contre Gérald Darmanin, actuel ministre de l'Intérieur, pour des faits datant de 2009. Mme Patterson-Spatz escomptait qu'en échange d'une relation sexuelle, Gérald Darmanin effacerait de son casier judiciaire la mention d'une condamnation antérieure pour des faits de chantage. La justice française a rendu un non-lieu, confirmé en appel. On peut comprendre le sentiment d'injustice de la plaignante qui n'a rien obtenu en échange de ses faveurs : elle se pourvoit en cassation et menace, par la voix de son avocate, d'aller jusqu'à la Cour européenne des droits de l'homme. De manière caractéristique, les féministes ont embrassé sa cause et dénoncent inlassablement le ministre. « Darmanin violeur » est un lieu commun des manifestations de femmes.

Cependant, il y a viol quand il y a surprise ou violence, c'est-à-dire quand la femme n'a rien à y gagner. C'est l'état actuel de la loi en France, et cela correspond à la réalité. Accepter un rapport sexuel ou recevoir des coups, tel est le choix, si c'est un choix, auquel le violeur confronte. Céder ou souffrir, céder ou mourir, et parfois, hélas, céder et mourir : telle est la terreur de la situation.

L'angle mort de cette définition, par ailleurs irréprochable, c'est qu'il incombe à la victime de prouver qu'elle n'était pas consentante et, par conséquent, d'apporter la preuve qu'elle s'est défendue. La victime doit, pour être crue, exhiber des séquelles et des marques de coups. Les bleus, le sang sous les ongles. À la limite, la violée la plus crédible est la violée morte : il n'y a plus moyen de douter de son refus. Le suicide de Lucrèce est la preuve formelle qu'elle n'agréait pas les vœux de Tarquin. De là l'idée que la loi telle qu'elle est met la barre trop haut (se débattre à mort ou se tuer après coup, c'est beaucoup demander). Dans la révision prônée par Audrey Darsonville, la charge de la preuve s'inverse : ce n'est plus à la femme de démontrer qu'elle n'était pas consentante, indéniable soulagement, mais à l'homme de prouver qu'elle avait consenti. Mais comment pourrait-il le faire ? Comme on l'a vu plus haut, l'obscurité demeure.

Les extrémistes parient que la confusion entre le viol véritable et les rapports sexuels déplaisants permettra de durcir les lois et de faire trembler les puissants : ils n'oseront plus. C'est le sens du slogan : la peur va changer de camp. Elles n'hésitent pas à mettre un signe d'équivalence entre les situations de corruption, auxquelles il y a moyen de se dérober, et le viol à proprement parler. Elles posent l'existence d'un continuum entre toutes les importunités masculines, de la plus légère jusqu'au crime. Cette position de principe rallie souvent les plus jeunes, non parce que les adolescentes sont incapables de réfléchir et de distinguer les cas, mais parce qu'elles sont exaspérées par le harcèlement, tout particulièrement le harcèlement dans la rue et dans les transports, qui entrave la liberté élémentaire d'aller et venir. Soudain, à l'adolescence, les filles ont moins de droits que leurs frères ou leurs cousins, et cela pour une seule raison : le monde est plein de harceleurs, de violeurs, de violents.

Les jeunes féministes propagent le conte de « la culture du viol », parce qu'elles y croient, et qu'elles ont un intérêt à y croire. Ce conte noir est pour elles un conte bleu, le viol s'y transforme en un mal remédiable. On tient le coupable : c'est la faute de la société. À ce compte, le viol n'est plus l'effet d'une pulsion irrépressible, ni d'une déviance sadique dont certains hommes seraient atteints : il résulte d'un conditionnement social à violer, qu'il suffirait d'inverser. Puisque la société produit le viol, une autre société pourrait nous en débarrasser. L'utopie existe puisqu'on en rêve.

Au contraire, si l'on tient les pulsions sexuelles violentes pour un fait de nature, on peut espérer repérer les violeurs, les enfermer ou les soigner, mais malheureusement pas les éliminer entièrement, non plus que les autres criminels. Dans la perspective réaliste, il y aura toujours une proportion de violeurs et d'assassins dans un corps social quel qu'il soit, on doit tout faire pour la réduire. Il est illusoire d'espérer les éliminer.

Rousseau écrivait dans *Émile* : « Le plus libre et le plus doux de tous les actes n'admet point de violence réelle, la nature et la raison s'y opposent. » On aimerait le croire, mais il s'est trompé. Les travaux des éthologues ont révélé que le viol existe dans la nature, mais non dans toutes les espèces. Frans de Waal signale qu'il est couramment pratiqué chez les orangs-outangs, une espèce de grands singes solitaires, et non chez les singes sociaux car le prédateur s'exposerait à recevoir une correction du groupe. Le même auteur consacre un chapitre à démonter le mythe de la passivité féminine, en multipliant les exemples ou les preuves d'initiatives sexuelles femelles dans diverses espèces. Ainsi l'ADN de leur descendance a établi l'infidélité d'oiseaux femelles qu'on croyait autrefois strictement monogames. Frans de Waal s'attarde sur les avances sexuelles comiquement explicites des guenons, chez les singes capucins. Cela ne l'empêche pas d'admettre que la libido est plus forte chez les mâles, y compris les humains. Le primatologue se réfère sur ce point à une méta-étude conduite par Roy Baumeister en 2001, qui portait sur des centaines de rapports scientifiques. Elle a confirmé ce dont on pouvait se douter : la libido féminine est notoirement plus facile à réprimer. Les féministes gagent que les hommes sont culturellement incités au donjuanisme. Mais réprimer leur libido se révèle plus difficile, même quand une telle incitation n'existe pas, même quand ils en sont fermement dissuadés : sans surprise les religieuses catholiques rompent moins souvent leurs vœux de chasteté que les curés et les moines.

S'il est vrai qu'il y a excès de la demande sexuelle masculine sur l'offre féminine, pour qu'une régulation se produise il faut qu'intervienne un facteur extérieur à la sexualité : la nourriture ou l'argent, la protection ou la faveur sont les contreparties couramment utilisées par les hommes pour déterminer les femmes à des rapports pour lesquels elles n'ont pas d'appétit, ou pas autant qu'eux. Cela se produit régulièrement dans la prostitution déclarée, irrégulièrement dans la zone grise où les femmes attendent de leur complaisance toutes sortes de bénéfices, parfois tangibles et parfois symboliques, ou même affectifs. Coucher pour être aimée n'est pas sans exemple. En situation conjugale, quand une femme cède « pour qu'il n'aille pas chercher ailleurs », la stabilité de l'union est le seul avantage qu'elle escompte.

La possibilité de telles transactions révulse les féministes, et plus généralement les puristes de la sexualité qui voudraient que n'existent que des échanges « purement » sexuels, si je puis dire, observant une balance égale entre les désirs et les plaisirs des uns et des autres. Dans cette perspective, seule la jouissance partagée garantit l'équité du rapport, et toute compensation apparemment à l'avantage des femmes leur serait en réalité préjudiciable : elle les écarterait à la fois de leur jouissance et de leur autonomie. On peut déplorer la corruption de la sexualité par autre chose qu'elle, mais le réalisme oblige à reconnaître que des rapports hétérogènes sont fréquents. Frans de Waal note que des tractations coït contre nourriture existent chez les singes sociaux : lui-même raconte avoir vu un mâle attirer une guenon avec une pomme dans chaque main, et lui en céder une, l'acte accompli.

La sexualisation tous azimuts des femmes environnantes est une propension masculine, que les femmes peuvent certes copier – elles se disent alors « libertines », et certaines d'entre elles, l'appât du gain aidant, vont jusqu'à se risquer à la prostitution. Mais leur « liberté » a toujours quelque chose d'acquis ou de forcé, elle n'a pas la même spontanéité que la pensée réconfortante qui traverse le jeune Henry Miller, et le ragaillardit. La meilleure formulation de cette asymétrie se trouve dans l'impressionnant roman du mystérieux Aguéev, *Roman avec cocaïne* : « Pour un homme amoureux, toutes les femmes ne sont que des femmes, à l'exception de celle qu'il aime – elle est pour lui un être humain. Pour une femme amoureuse, tous les hommes ne sont que des êtres humains, à l'exception de celui qu'elle aime. Pour elle, c'est un homme[1]. »

1. M. Aguéev, *Roman avec cocaïne*, traduit du russe par Lydia Chweitzer, Paris, Belfond, coll. « Presses Pocket », 1990, p. 125.

13

Qu'est-ce qu'un intérieur ?

Dans leur immense majorité, avec ou sans homme, les femmes voudraient que leur maison soit belle et bonne, agréable à vivre, qu'on y revienne avec plaisir. Bien sûr, ce but ordinaire peut être sacrifié à des ambitions plus hautes : nombre de femmes artistes ont vécu dans le désordre de leur atelier, bien des religieuses ont passé leur vie dans le dénuement d'une cellule, bien des intellectuelles réduisent leur rayon d'activité à la cigarette, au cendrier et à l'écran. Mais de tels choix de vie sont particuliers ; tenir sa maison est un but général.

Les femmes décorent des espaces provisoires ou dérisoires : une chambre de service, une porte de frigidaire. C'est que l'intérieur est vécu comme personnel, si précaire soit-il. Il est une expression de soi, de sorte qu'une femme, lorsqu'on entre dans son logement, sera confuse de son désordre ou fière de sa propreté, humiliée par sa pauvreté ou glorieuse de son luxe, et, dans tous les cas, se sentira à découvert. Le vêtement a beau être une expression de soi, il ne donne pas autant de prise au jugement, car il est d'emblée prévu pour être vu : on le choisit chaque matin pour affronter l'extérieur. Tout habit, même minimal, est une armure. On a le loisir d'en changer, suivant les modes et les saisons. Une femme qui a le goût de s'habiller provoque et défie le regard : le jugement des autres n'a que peu de prise sur ce caméléon. Par opposition, le chez-soi donne visibilité au soi. Sans être immuable, il est stable. Et tous n'y entrent pas.

Quand on pénètre chez quelqu'un, on est devant ce qu'il voit tous les jours, c'est-à-dire ce qu'il aime ou du moins ce qu'il supporte, on prend connaissance des objets dont il accepte d'être entouré, sans pouvoir spécifier sa relation à ses objets (choisis, hérités, échoués là ?). On apprend si cette personne vit avec des objets d'art, des animaux, des plantes. Mais dans tous les cas on ressent immédiatement le niveau d'ordre ou de laisser-aller, d'hygiène ou de malpropreté qui règne. Il faudrait sans doute demeurer plus longtemps pour savoir si ces négligences sont contrôlées ou pas (certaines personnes font régner un léger désordre autour d'elles comme les hommes à la mode arborent tous les jours une barbe de trois jours : le genre de barbe qui signifie « je peux me le permettre ». Parfois, au contraire, le désordre a pris le dessus). On acquiert en un coup d'œil une idée de ses habitudes, si l'occupant des lieux lit ou ne lit pas, s'il fait de la musique ou du moins s'il en écoute, s'il regarde la télévision sagement au salon ou mollement de son lit. Plus rarement, s'il s'en passe. Bien sûr, la richesse ou le dénuement sont un facteur considérable, une des premières choses qu'on perçoit, mais non la seule : on voit aussi comment une personne gère sa richesse ou s'accommode de sa misère – il est des richesses ascétiques et des pauvretés encombrées. Recevoir cet afflux d'informations, c'est avoir accès à son *intérieur.* Comme le vêtement, la maison est notre enveloppe, mais une enveloppe qui vaut pour sa face *interne* : la plupart du temps, elle ne nous expose pas au regard, elle nous y soustrait. Nous y logeons, comme le mollusque entre les valves ou l'oiseau dans son nid : à l'abri. Les murs du foyer nous protègent, non seulement des éléments, mais en toute saison du jugement social.

Reprenons le dossier de la division des tâches. Une femme qui vit seule recoudra un bouton sans se poser de question. Dans l'optique féministe, coudre pour un autre, père, enfant ou mari, revient à de l'extorsion de service. Cette accusation peut se détailler dans l'infime. Au cours d'une interview en mars 1979, Colette Guillaumin, la théoricienne du sexage, déclarait avec une impeccable intransigeance : quand un homme demande à une femme de lui passer un cendrier et qu'elle le fait, il lui soutire un travail non payé[1].

Dans son sillage, des économistes calculent sérieusement le prix que coûteraient les prestations féminines dans l'économie marchande : cuisine, ménage, service à la personne, rien de ce qui est gratuit dans la vie ordinaire n'échappe à ce chiffrage obsessionnel. On a même comptabilisé le temps qu'une femme en moyenne passe à se maquiller au cours de sa vie, comme si le plaisir pris à s'embellir était du temps de vie volé, non pas aux autres – ainsi que le pensaient jadis les moralistes et les gens d'Église –, mais à soi. Ces calculs présentent invariablement les hommes comme les bénéficiaires d'une exploitation invisible, aussi persistante qu'injustifiable. Une telle présentation omet deux possibilités, non exclusives l'une de l'autre : la première est que les activités domestiques ne résultent pas de l'aliénation mais de la liberté des femmes ; la seconde, que l'entité familiale, prise comme un tout, soit la destinataire de l'action gratuite.

Dans cette seconde perspective, le travail d'entretien a pour visée consciente le bien de la maisonnée tout entière : preuve en est qu'un tel effort est également fourni, en l'absence de présence masculine, dans les familles monoparentales (du moins dans celles qui demeurent fonctionnelles).

1. « Sexes: nous avons dit classes... », *Parti pris*, mars 1979.

Si une femme continue d'assurer la vie quotidienne en l'absence d'homme au foyer, le corollaire est que la présence d'un homme, qu'il soit le père ou le beau-père des enfants, ne prouve pas qu'il soit le destinataire en dernière instance des efforts féminins, ni que celle qui les fournit s'aveugle sur son intérêt propre. Il n'est pas de bonne méthode de taxer de fausse conscience le mobile d'une action dès lors qu'on la désapprouve.

La seule chose qui ne soit pas chiffrable, c'est ce que coûterait la disparition du désintéressement dans les relations humaines. Que vaudrait un monde où personne ne se dévouerait à personne, de peur d'y perdre ? Si imparfaite soit-elle, la famille est l'une des dernières formations holistiques dont nous ayons l'expérience. Lorsqu'une femme se consacre au bien d'un tout, c'est qu'elle s'y sent impliquée, qu'elle garde le souvenir de l'avoir désiré, de l'avoir en partie formé, et qu'elle ne renonce pas à cette création continuée.

En revanche, si la femme est convaincue par la thèse féministe, elle est intimement persuadée que la famille est le lieu de son exploitation. Loin d'être l'œuvre de sa vie, elle est le résultat de son aliénation. En croyant vouloir se marier, elle s'est oubliée elle-même. Elle n'a jamais désiré *en connaissance de cause* fonder ce foyer dont l'entretien lui est à charge. L'extorsion d'un travail non rémunéré se double d'un souci dévalorisé : penser aux siens et aux choses à faire pour eux est un handicap dans la vie professionnelle. Une féministe hétérosexuelle, si elle tâche d'être pleinement en accord avec ses thèses, a le choix de se changer en furie ou en souillon.

Il existe en effet deux manières de sortir de l'aporie : la première est de ne rien faire, quitte à laisser son intérieur se dégrader. La seconde est d'exiger un partage strictement égal du travail domestique. L'écologiste Sandrine Rousseau a préconisé d'inscrire dans la loi un « délit de non-partage des tâches domestiques », afin de permettre la pénalisation des récalcitrants. Si peu de femmes souhaitent réellement mettre leur mari à l'amende, plusieurs sont d'accord pour les en menacer.

Dans la réalité, pour éviter ces deux écueils, les femmes cherchent plutôt un accommodement lorsque les tâches commencent à leur peser : c'est par la discussion et la « pédagogie » qu'elles espèrent parvenir à un partage plus équitable avec l'époux ou le compagnon du moment. Ce timide espoir est fréquemment raillé par les féministes homosexuelles. C'est le vieux sarcasme : « Tous des salauds sauf Julot. » Les hétérosexuelles passent pour des têtes faibles, parce qu'elles exceptent de la lutte l'homme avec qui elles ont choisi de vivre, tandis que les homosexuelles, qui ne font pas de quartier, se présentent avantageusement comme le fer de lance du mouvement. Elles, au moins, sont conséquentes dans l'animosité. Ajoutons que les jeunes lesbiennes ont souvent plus de temps libre que les femmes mariées et mères de famille, et peuvent se consacrer davantage au militantisme féministe, n'ayant rien à y perdre, au contraire : l'homosocialité féministe multiplie les occasions de rencontres et de passades.

14

Justice et bonheur

> *I would say as a general principle that when politics enters every corner of existence, then something has gone profoundly wrong.*
>
> IAN MCEWAN

L'expression « le privé est politique » excite la passion d'arracher les rideaux. Dans une telle optique, le soupçon règne en maître. Il s'agit d'aller traquer chez autrui la lubricité, les saletés et les crimes. Ce ne sont pas seulement les pires atrocités, comme l'inceste, le viol et les féminicides, qui sont pourchassées. Les féministes soupçonnent l'existence d'une gamme de micro-agressions qui réclament d'importer la lutte à domicile : « Les oppressions subies à l'extérieur s'infiltrent dans le privé, et les femmes n'ont pas d'autre choix, même sur ce terrain, que de poursuivre leurs combats, pour exiger le respect », écrit Sharone Omankoy[1].

Cette vision est contraire à la paix domestique, puisqu'elle prône l'importation des conflits. Elle est destructrice du privé comme tel, puisqu'elle tient pour nulle l'existence du seuil, cette dénivellation qui fait que le dedans n'est pas la même chose que le dehors. Ici n'entre pas qui veut. Les étrangers (le postier, le démarcheur) se tiennent en retrait devant la porte ouverte. Le foyer ne s'ouvre pas à tous les vents de l'extérieur : il a sa thermie, ses rythmes et ses coutumes. Il subsiste tant qu'il règle cette séparation.

La démarcation n'est pas seulement physique, elle est aussi spirituelle en ce qu'elle dépend des biens visés, qui sont distincts. Ce qu'on peut espérer de la vie en société, c'est la justice. Ce qu'on recherche dans la vie privée, c'est le bonheur – celui qu'on dispense et celui qu'on éprouve, se nourrissant l'un l'autre.

Les féministes objectent qu'il n'y a pas de bonheur sans justice. Par conséquent, elles font de l'égalité le préalable à toute vie de couple. Comme l'égalité millimétrique n'existe nulle part, elles ont tout loisir de fustiger les couples réels – tristes séquelles du masochisme féminin – opposés au mirage d'un couple sans domination,

1. Citée par Maïa Mazaurette, « La guerre des sexes trouvera-t-elle une issue heureuse? », *Le Temps*, 14 février 2022.

censé apparaître, pourvu qu'on l'y recherche, dans les diaprures infinies de la palette des identités de genre. Trouver son bonheur dans l'arc-en-ciel : les natures réalistes ne se contentent pas de cette promesse incertaine. Elles quittent généralement le féminisme à pas de loup, mues par le désir de vivre leur vie, c'est-à-dire d'être aimées et d'avoir des enfants. Elles empruntent, pour un temps, les voies naturelles de l'expansion de soi. Ce n'est pas renier l'égalité. Il n'est pas question pour elles de renoncer à l'affirmation des talents qu'elles possèdent en propre. Le fait d'enfanter n'implique pas de se retirer de la compétition individualiste. Mais de différer. Leur intuition est que le bonheur ne contrarie pas la réussite. Contrairement à ce qu'on serine, la passion, amoureuse ou maternelle, ne porte pas préjudice à l'action. Tout au contraire, sacrifier les passions sur l'autel de l'action fait perdre le sens de l'action.

Il est plusieurs sortes de bonheur. À côté du bonheur émollient, fustigé par les moralistes – les délices de Capoue où s'embourbe Hannibal, les addictions, avec ou sans drogue, et généralement tous les plaisirs qui affaiblissent –, il est un genre de bonheur qui donne de l'élan, augmente les forces, accroît la capacité d'agir. Chacun l'a ressenti, dans l'enfance, quand un cours intéressait, après la récréation – pourvu qu'elle ait été intense et mouvementée, comme la récréation doit l'être. Dans *Le Livre du courtisan*, Baldassar Castiglione s'attache à décrire les amusements des nobles à la cour d'Urbino. Il ne tient pas son sujet pour futile. Il risque l'idée d'une proportionnalité des travaux et des plaisirs. D'après le nombre et la qualité des débats et des jeux qui se tenaient dans cette cour de la Renaissance, on pourra se faire une idée des grandes affaires qui se traitaient dans le duché, affirme-t-il, car les délassements sont en proportion des travaux. Plus les amusements sont vifs, plus les tâches doivent être importantes. Les uns ne sont pas le contraire des autres, ils en sont le sûr indice.

Dans la vie politique, cet équilibre aristocratique a disparu avec la spécialisation des tâches et la montée en puissance des bureaux. À Versailles, déjà, l'aile des ministres, où l'on travaille d'arrache-pied, est séparée du reste du château où les courtisans courent aux menus plaisirs du bal et de la comédie. Au XVIIe siècle, ce ne sont plus des hommes de cour pleins de faconde et de grâce qui s'occupent de la marche de l'État, mais de graves ministres, rompus aux questions techniques. Reste que, dans la vie personnelle, on a tout intérêt à maintenir un équilibre entre les plaisirs et les obligations : la dépression est la rançon de ceux qui, à force de laisser proliférer les tâches, se rendent incapables de se figurer leur bien propre. Ce n'est pas le cas de ceux qui travaillent pour eux-même, et trouvent dans le travail un accomplissement, mais c'est la triste situation de ceux qui s'échinent sans gratification, qui compriment indéfiniment la part des plaisirs au point de la supprimer : au point d'oublier l'existence d'un « pour soi ».

Avoir des enfants est le pour soi des femmes. Ce n'est certes pas une panacée. Bien des jeunes mères se laissent submerger par le surcroît de charges qu'impose la maternité. Elles ne s'y attendaient pas, ce n'est pas ce qu'elles ont voulu (il faut dire que rarement la vie ressemble au rêve). Au lieu de vivre ce nouveau rôle comme une expansion d'elles-mêmes, elles ont le sentiment de se perdre de vue. Reste que, pour la plupart, la naissance des enfants crée un nouveau centre de gravité : une part de soi hors de soi, opposable aux diverses contraintes de l'existence, « je ne peux pas, j'ai les enfants ». On a tort de plaindre les mères. Ce que le monde extérieur prend pour une corvée est une passion.

Les affections privées ne ressortissent pas au juste et à l'injuste. Elles sont d'un autre ordre, parce qu'elles visent autre chose : l'expansion par l'affection – l'expansion du couple par les enfants, l'expansion des enfants par la croissance. Ce n'est pas que les familles soient étrangères aux convictions politiques. Celles-ci s'immiscent continuellement dans les foyers. Mais une femme convaincue par les arguments de l'écologie les transmettra à ses enfants, par la parole et par l'exemple : pauvre, elle fera pousser ses légumes ; riche, elle plantera des arbres pour la planète. Elle n'imposera certainement pas ses convictions par le rapport de force ou la vocifération, comme on le voit faire dans l'arène politique.

Bien sûr, il arrive que la question de la justice s'invite brutalement à domicile. Des partages y ont lieu, et certains sont lésés ; des décisions sont prises et les avis des uns pèsent plus que ceux des autres. Mais, tant que la famille n'est pas dysfonctionnelle, ses membres ne deviennent pas pour autant des ennemis. On cherche des accommodements réciproques. On se débrouille avec les brouilles. Éventuellement on se ment. La préférence parentale qui est l'injustice la plus douloureuse, et sans doute la moins évitable, est exceptionnellement ouverte et déclarée. Ordinairement les parents feignent de n'avoir aucune préférence, et les enfants feignent de le croire.

Les féministes prétendent qu'il faut importer le conflit au sein de la famille, car c'est un espace conflictuel parmi d'autres, à ceci près que, dès la préhistoire et pour tout un chacun, c'est le premier de tous. Il faut donc attaquer le mal à la racine. Biaiser serait une lâcheté. La lutte ouverte est la façon adéquate de traiter franchement le problème politique par excellence, à leurs yeux, celui de l'inégalité des sexes. Encore une fois, cela revient à nier l'existence du seuil. Les féministes posent qu'il n'y a pas de différence entre l'intérieur et l'extérieur, que l'espace est homogène. Selon elles, il faut s'aveugler pour imaginer que la famille traditionnelle est un lieu d'expression de soi, quand c'est à l'évidence celui de l'oppression de soi. Seuls des esprits incurablement crédules – ces femmes qui croient au prince charmant comme les catholiques croient aux anges gardiens – peuvent halluciner l'existence d'un cocon de douceur. Ce havre n'existe pas.

Quand on désespère de la vie qu'on mène, les attaques féministes font mouche. Cela ne veut pas dire que la recherche du bonheur était une absurdité. Tout au contraire, c'est parce que l'orientation générale du privé est la recherche du bonheur que la vie privée peut causer de cruelles déceptions. On en veut toujours moins à ses collègues qu'à sa mère, à son patron qu'à son mari, pour une raison simple : ni des collègues ni du patron vous n'attendiez qu'ils vous aiment. C'est par les siens qu'on est trahi, et par eux, seulement, qu'on souffre *personnellement*. Retranscrire ce malheur privé en termes d'injustice générale, c'est quêter un soulagement dans l'impersonnel. Ce n'est pas moi qui souffrais, moi en personne : c'est moi en tant que femme, portant, comme nous toutes, le fardeau d'une injustice qui nous accable et nous dépasse. C'est ce qu'a exprimé Judith Godrèche à la soirée des Césars 2024 : « Moi aussi je suis une foule. Une foule face à vous. »

Le processus de politisation correspond donc à la désingularisation de l'expérience. La soi-disant « prise de conscience » est une sorte de mue. On n'adhère plus à son passé, on se détache de son histoire individuelle. Ce que je me figurais comme personnel était commun. Mon propre était une illusion, l'intimité une chimère. Il ne restait plus qu'un paquet d'habitudes, là où j'imaginais la communion des cœurs. L'amour est un racket, et la vérité féministe s'impose : le foyer est le lieu de l'extorsion d'un travail non rémunéré, la vérité du rapport entre homme et femme est la perpétuation de l'injustice au profit des dominants. Malheureusement, alors qu'on a le sentiment de faire peau neuve, on se cuirasse d'une idéologie rebattue. Cette peau est peut-être neuve, mais c'est la peau de tout le monde.

Tenir à son identité personnelle, c'est conserver l'histoire passée, y compris les effractions incompréhensibles – douloureuses ou délicieuses – dont chacun est constitué. Le grand romancier Ian McEwan peint un personnage qui ne fait pas état d'un abus originel, dont l'incidence sur sa vie fut pourtant considérable mais qu'il ne se résout pas à dénoncer. C'est que le traumatisme le regarde lui, non la police : « Ce qu'il avait un jour entendu une écrivaine appeler "son mobilier intérieur". Ne pas déplacer ni vendre. »

Il y a une part non seulement d'impudence, mais aussi de mensonge à verser au service d'une juste cause ce qui ne peut manquer de demeurer fiché dans le secret du psychisme. Tout n'est pas dit quand on crie sur les toits, pour la simple raison que tout n'est pas dicible : l'énigme de soi persiste, elle résiste au tintamarre des révélations publiques, n'étant pas de même nature. Les voies de la résilience sont capricieuses, mais une chose est sûre : elles n'ont rien à voir avec les bénéfices sociaux. Être adoubé par la foule, adopté à titre de mascotte ou de porte-drapeau, électriser X anciennement Twitter, faire un bon client pour débats télévisés, ce sont des succès qui peuvent regonfler l'ego sans faire avancer d'un pas la réconciliation de soi à soi.

La doxa féministe écrase la différence entre les deux espaces, privé et public. D'un seul coup, la distinction entre leurs buts divergents est abolie : la poursuite du bonheur est disqualifiée, c'est un leurre, la quête de la justice doit l'emporter partout. Il est difficile de résister à cet emportement destructeur, parce que la distinction des buts n'a pas, dans l'expérience ordinaire, la clarté que lui confère l'analyse.

Il faut envisager le brouillage inverse, lorsque le bonheur l'emporte sur l'idéal de justice. S'il n'est pas contesté, l'intérêt pour les membres de la famille devient impérialiste au point de bousculer, en dehors de la sphère familiale, les principes de justice. Ce n'est pas rare. Que penser de ceux qui arrosent en période de restriction d'eau ? Ils veulent voir leur gazon vert, peu importe l'état des nappes, ils veulent l'abondance et la prospérité autour d'eux et de leurs enfants, à se demander si l'infléchissement en faveur des siens n'est pas la racine de l'injustice. Si la préférence nationale est une notion contestée – récusée notamment par le courant libéral et, sur une autre base, par l'extrême gauche –, la préférence familiale, quant à elle, est institutionnalisée par l'héritage. Le capital relationnel est également transmis, comme le montre avec éclat, dans le milieu du cinéma, la présence massive des fils et filles de. Peu de gens y trouvent à redire, tant il paraît normal de favoriser les siens. Si les maffias s'appellent souvent des familles, c'est qu'elles le sont.

Par un autre brouillage, certains trouvent le moyen de s'épanouir dans leur travail et de s'y sentir à leur aise, autant et plus qu'à la maison. Ce sont les patrons qui parlent de leurs employés comme d'une grande famille. Ce sont les chercheurs qui vivent dans leur laboratoire et parlent d'un brevet comme de leur bébé. Ce sont les comédiens pour qui la vie de troupe prend la place des attachements privés, les reporters de guerre, les artistes épris de leur œuvre, ou les décideurs qui se targuent de la paternité de tel ou tel projet. Pour tous ceux-là, la distinction du privé et du public perd de son évidence. Ils se sentent chez eux hors de chez eux : ils vivent à l'air libre. Ces gagnants du monde du travail sont une infime minorité. Pour la plupart des gens, malgré les progrès techniques, l'attribut du travail continue d'être l'âpreté. Et si la douceur du foyer prête à sourire, à une époque où le divorce est courant, reste que le foyer, tant qu'il dure, est moins âpre, ou plus doux, que le monde extérieur. Les gagnants du monde du travail, les familles puissantes et généralement les heureux du monde suscitent l'admiration, l'agacement ou l'envie. Au regard des fléaux qui accablent l'humanité, il n'y a pas moyen pour eux de se justifier et de faire que leurs succès apparaissent comme pleinement légitimes. Toute réussite est indéfendable.

15

Sans défense

La plupart des jouissances privées ne sont pas défendables : tant mieux pour vous si vous avez bu une bonne bouteille ou fait un bon repas. Cela vous regarde.

Ce qu'on écoute comme radio, ce qu'on choisit comme série, comme set de table, comme couvre-lit, la politesse qu'on enseigne ou les écarts qu'on se permet, cela n'importe qu'à soi et à ses proches. La vie privée est essentiellement sans importance. Pour autrui, elle manque d'intérêt les trois quarts du temps.

Parce que le privé est moins important que le public, on y est moins corseté. C'est là que se tiennent des discours inconsidérés qui valent par leur légèreté. Ils ne sont pas plus véridiques que les propos, mûrement réfléchis, qu'on soutient en public. Ils sont seulement plus relâchés. Pour ceux qui les formulent et ceux qui les écoutent, c'est leur manque de gravité qui fait leur agrément. D'où le sentiment d'injustice quand des plaisanteries privées sont publiées sur Internet, déchaînant une avalanche de condamnations. La divulgation distord le propos. Elle ne le restitue pas, elle le disloque en le déployant en direction d'auditoires hostiles ou indifférents. Cela n'avait de sens qu'entre soi, au trébuchet de l'affection familiale, qui pèse finement la portée des propos : faible portée. Supposer que tous les discours sont révélateurs, et toutes les connivences odieuses (racistes, sexistes, blasphématoires), c'est une spécialité des inquisiteurs, espèce dont le monde n'a jamais manqué.

Avoir le courage du privé, c'est dire, après Camus, entre la justice et ma mère, je préfère ma mère, en se souvenant que la mère dont il parle était veuve, indigente et sourde. À la justice de la cause algérienne, Camus ne préfère pas l'intérêt de la métropole colonisatrice : il n'embrasse pas une cause contre une autre, il reste attaché à l'être le plus vulnérable, cette mère illettrée, coupée du monde par son handicap et qui peut demain, pour des raisons qu'elle ignore et qui l'ignorent, être tuée par une bombe dans un autobus d'Alger. Camus a le courage d'une position qui n'est pas universalisable, parce qu'elle est sienne.

Bien sûr, des interprètes de bonne volonté ont contextualisé la proposition de Camus : si la justice consiste à poser des bombes qui ciblent les populations civiles, à cette justice je préfère ma mère, telle serait la véritable phrase. Dès lors il devient facile d'universaliser la préférence de Camus, puisque le terrorisme aveugle, qui se pare du nom de justice, n'est pas la justice mais un condensé de vengeance et de rage. On pourrait, à l'inverse, choisir de durcir le dilemme, en posant qu'à une cause parfaitement juste, je préférerai encore et toujours ma mère, fût-elle belle, riche, intelligente et cultivée.

Les affections privées ne s'épanouissent et n'ont de prix que dans un cercle étroit et pour ce cercle. À l'extérieur, très peu en filtre. Je me souviens d'une jeune fille que sa famille adorait : elle est tellement drôle, si tu voyais les imitations qu'elle nous fait, c'est à pleurer de rire. Mais quand un invité déjeunait chez eux, la jeune fille demeurait le nez baissé dans son assiette, et ne disait pas un mot. Si l'invité attrapait son regard en coulisse, elle rougissait. Elle avait la timidité d'un oiseau.

Il y a dans les jardins des bosquets pleins de pépiements qui deviennent muets dès qu'un passant s'approche. Quelle est la différence entre la gaieté familiale causée par la jeune fille et le rire que déchaîne l'amuseur public qui en a fait sa profession ? On se dit qu'il y a entre eux la distance qui sépare l'amateur du professionnel : l'amuseur appartient à une catégorie supérieure. S'il a développé son talent, c'est qu'il avait en lui de quoi dépasser le trac, affronter l'audience, engranger les like. Voilà pourquoi il a fini par atteindre le grand public et la gloire télévisuelle. Il est tout simplement plus fort que la jeune fille qui fait le clown.

Seulement le plaisir causé par la jeune fille est d'une nature différente. Il est vrai que sa drôlerie n'est pas répétable, ni exportable. Elle ne passe pas la rampe, c'est là son charme. Elle apparaît à l'improviste, ici et maintenant, avec le caractère émouvant de ce qui n'a lieu qu'une fois. Avec elle, le rire est tendre, si sarcastique qu'il soit. Car l'humour qui s'exerce en famille, quand ce serait de l'humour noir, fait sentir ce que c'est qu'être proches et partager cette vie, qui n'est pas la vie de tout le monde.

Ce qui n'existe qu'au bénéfice des proches fait sentir le bienfait de la proximité. Il en va des plaisanteries maison comme des chansons sous la douche, des pas de danse à la cuisine. Et les maquettes qu'on peaufine, les origamis, les couvre-lits au crochet : autant d'occupations qui valent de n'être pas commerciales, et dont la gratuité fait le prix. Défendre la vie privée contre les blindés du « tout est politique », c'est jouer perdant, car la vie privée est indéfendable ; tout ce qu'elle a pour elle, c'est sa faiblesse. C'est parce qu'il est si facile de l'écraser qu'il faut se retenir de le faire. Respecter la vie privée, c'est reconnaître l'importance de ce qui n'est pas important, et ce sans quoi pourtant la vie s'éviderait : ce qu'on fait pour s'amuser. Les passe-temps. Tous les jeux. Le repos. Les parties de ping-pong, les tours de magie. Les recettes de cuisine qui prennent tout l'après midi...

Qu'avait-elle, cette jeune fille, de si extraordinaire ? Plus tard, elle n'en fait pas son métier, elle a choisi une autre voie : kiné, fleuriste, commerciale chez l'Oréal... Elle a deux enfants.

Est-ce qu'elle les fait rire comme elle faisait rire ses parents ? Ou bien son talent s'est-il évaporé avec les années, comme la gravité des matous succède à la folie charmante des chatons ?

Du dehors, on ne saura pas.

QUE FAIRE ?

Pour jouir d'une vie privée, encore faut-il en avoir les moyens. Les migrants et les SDF ne les ont pas, ou ne les ont plus. Nombre de *millenials* ne les ont pas encore.

Une réévaluation des rémunérations s'imposerait donc, ce qui s'entend différemment à droite et à gauche, soit qu'il faille diminuer l'impôt pour alléger le coût du travail, c'est-à-dire rendre possibles des augmentations de salaire au prix d'une baisse des prestations sociales, soit qu'il faille diminuer la rentabilité du capital afin de mieux rémunérer les salariés. Les diagnostics sont différents : dans la première hypothèse, le poids de l'État social est devenu trop lourd, autrement dit la pesée de ceux qui ne travaillent pas sur ceux qui sont en emploi n'est plus supportable. Les prélèvements étatiques qui pèsent sur le travail sont le facteur du marasme des entreprises et de l'inertie des salariés. Dans la lecture de gauche, ce n'est pas l'État et son appareil redistributif qui sont en cause – au contraire, il faudrait le développer davantage, augmenter les aides au logement, aux familles monoparentales, aux chômeurs, liste non exhaustive, afin de juguler les inégalités. Ce n'est pas l'indispensable solidarité nationale, c'est la rente servie aux actionnaires par les entreprises qui expliquerait la faiblesse des salaires. L'accaparement des richesses par une infime minorité est le résultat tangible de la dérégulation néolibérale menée durant les années Reagan et jamais remise en cause depuis lors. Son corollaire est l'appauvrissement de la classe moyenne, ainsi que l'apparition de travailleurs pauvres. Cette lecture est corroborée par certains capitalistes, quand ils sont en veine de franchise goguenarde. En témoigne cette déclaration de Warren Buffet, en 2012 : « Il y a une lutte des classes, bien sûr, mais c'est ma classe, celle des riches, qui la mène. Et nous gagnons. » Il est aussi envisageable que l'une et l'autre causes jouent un rôle dans la compression des salaires. Cette possibilité est au fondement du « en même temps » macronien, et plus généralement des politiques centristes.

L'idée de ponctionner les ultra-riches est évidemment populaire à gauche, mais elle ignore ou minore deux difficultés bien réelles : la première est que l'argent est indispensable à l'entreprise, non moins que le travail. Tout patron fait face au besoin d'argent frais : il a alors le choix d'emprunter à sa banque, souvent au prix d'hypothéquer ses biens personnels, ou de faire coter en bourse son entreprise. Dans le second cas, les actionnaires donnent leur argent en échange d'un contrôle partiel du destin de l'entreprise. On comprend qu'ils cherchent à l'infléchir pour gonfler leurs dividendes. Or le gouvernement ne peut pas interférer dans les décisions des conseils d'administration, si choquantes qu'elles paraissent ou qu'elles soient. Il n'en a pas légalement les moyens. Et s'il lui prend la fantaisie de procéder, au nom de la justice, à des changements de règle, par exemple en accroissant la fiscalité sur les revenus du capital, il est probable que l'argent ira s'investir ailleurs. Les actionnaires sont naturellement frileux. Les menacer, c'est leur donner des raisons de l'être. Il est toujours possible de confisquer des actifs – ce qu'a fait le Zimbabwe en expropriant les fermiers blancs, ou ce que fait l'Italie en réquisitionnant les propriétés des mafieux, ou l'Union européenne en s'emparant des villas des oligarques russes. C'est toujours possible car les villas et les champs ne bougent pas. Mais l'argent est volatil.

La seconde difficulté, quand il s'agit de prendre aux riches pour donner aux pauvres, c'est le risque que le conflit dégénère en bain de sang. Les hommes ont la faiblesse de tenir à leurs biens et de les défendre. Il faut donc être parfaitement sûr d'avoir la force armée de son côté pour procéder à des confiscations, comme l'avait fait le président

Mugabe en expropriant les fermiers blancs entre 2000 et 2017, pour distribuer leurs terres à des agriculteurs noirs. Sans surprise, cette politique d'expropriation sans indemnisation s'est accompagnée d'intimidation et d'assassinats de fermiers blancs par des milices. L'homme politique qui préconise l'appropriation des biens doit se rappeler ce que sait d'instinct tout cambrioleur sérieux : il faut être prêt à tuer pour voler.

D'autre part, la diminution des mesures de protection sociale ne peut manquer de provoquer la colère de bénéficiaires, que ce soit sous forme de révolte ouverte ou de ressentiment latent. Dans le premier cas, elle ébranle les institutions, dans le second, elle compromet les chances du parti au pouvoir de remporter les élections suivantes. Ainsi, qu'on fasse sur la situation de l'emploi un diagnostic de droite ou de gauche, autrement dit qu'on soit déterminé à mener une politique de l'offre ou une politique de la demande, les réformes ne sont jamais des solutions définitives mais seulement des réglages délicats, hasardeux et provisoires ; car, si le conflit entre les riches et les pauvres peut être temporairement apaisé, notamment en période de croissance, il est voué à toujours renaître. Il n'est pas de nature à être définitivement réglé.

Reste que, pour espérer fonder un foyer, un jeune couple doit disposer d'une deuxième chambre. Faut-il s'étonner si les occupants d'un deux-pièces, ou pire encore d'un studio, ne se projettent pas comme futurs parents ? S'ils le désirent, ils répriment ce désir, et rien ne sert de rappeler qu'aux temps anciens il était parfaitement normal que les membres d'une même famille dorment dans une même pièce et sur une seule paillasse. Personne ne peut envisager, le cœur léger, de retourner à la promiscuité médiévale. Or, pour faire un enfant, il faut avoir le cœur léger.

Les conservateurs fustigent « l'hédonisme occidental », et lui attribuent la chute des naissances. C'est moins l'hédonisme que la pauvreté qui pousse les jeunes à sortir « en terrasse ». C'est la pauvreté qui poussera demain les occupants des logis étriqués à plonger dans le métavers au lieu de vivre leur vie.

À ces conditions d'existence s'ajoute la dévaluation des qualités spécifiquement féminines, hormis celles dont la société de consommation ne peut se passer, soit la grâce et la beauté, perpétuellement aspirées par le commerce et le spectacle. Les autres dispositions sont dénigrées ou laissées dans l'ombre. Les femmes, en moyenne, ont le goût de l'intimité, et le talent de la faire naître. Elles sont douées pour créer les conditions de la vie privée, par une orientation spontanée vers l'intérieur qui chez elles est un penchant, avant d'être une charge. Cela ne veut pas dire qu'il n'existe pas d'aventurières ou de guerrières, de navigatrices ou de baroudeuses : simplement elles sont rares. D'ailleurs, si l'appel du dehors est puissant sur certaines, c'est surtout pendant la jeunesse. En général, les mères se rangent, parce qu'elles reconnaissent comme une évidence le devoir de protéger. Elles sentent qu'elles doivent continuer d'abriter pour un temps le petit auquel leur corps a d'abord servi d'abri.

Il est probable que l'aptitude à enclore résulte d'une adaptation : la sélection naturelle n'a pu manquer de privilégier celles qui s'occupaient le mieux de leur progéniture : celles qui, non contentes de nourrir leur enfant pendant une si longue période (incomparablement plus longue que la plupart des mammifères), excellaient de surcroît à lui procurer le meilleur abri contre le froid, la pluie et les bêtes carnivores. Il n'est pas douteux non plus que, dans cette entreprise, l'appui d'un père ait constitué un bénéfice décisif : la reconnaissance du lien de paternité est un trait propre à notre espèce, qui nous distingue des hominidés – les petits chimpanzés et bonobos sont élevés par leur mère avec l'appui des femelles du groupe. Le père biologique ne joue aucun rôle spécifique, et paraît ignorer le rapport entre le coït et l'engendrement.

Dans l'espèce humaine, comme chez les hominidés, l'évolution a privilégié la force chez les mâles. Dans le même temps, les femelles ont manifestement développé des qualités pouvant inciter un homme à rester auprès d'elles et à s'attacher à leurs descendants. Les liens du sang et de l'habitude vont pour nous de soi. Ils sont trop courants pour qu'on les estime à leur prix, comme aussi ce qui les renforce : la patience des femmes, leur finesse psychologique, leur attention aux goûts et aux couleurs, aux sentiment de l'entourage – à tout ce qui conspire au charme du foyer.

Après avoir lourdement insisté sur les nombreux devoirs des femmes, en des termes qu'on ne peut manquer aujourd'hui de juger décourageants, Rousseau ajoute génialement : « Et enfin tout cela ne doit pas être des vertus mais des goûts, sans quoi l'espèce humaine serait bientôt éteinte[1]. » Non seulement ces goûts ne sont pas honorés aujourd'hui, mais ils ne sont pas même reconnus. Nous ne consentons plus à les voir, ou si nous les voyons c'est pour les mépriser. Tendresse, douceur, dévouement aux siens, nous regardons de haut ces qualités casanières. Féminin, disait Mona Ozouf, est un adjectif qu'on ne peut plus employer, sauf s'il s'applique à un homme.

Le féminisme donne aux femmes une perpétuelle leçon d'autonomie : elles peuvent tout faire aussi bien que les hommes, et tout faire en se passant d'eux ; rien n'est hors de leur portée, elles n'ont nul besoin d'appui. Cette leçon encourageante est bonne à entendre, sans doute. Elle en a aidé plus d'une à prendre pied dans le monde du travail. Cependant, elle se retourne au désavantage des femmes dès qu'il est question de faire des enfants. Car bien sûr une femme peut faire un

1. Rousseau, *Émile*, *op. cit.*, Livre V, p. 197.

enfant seule. Elle le peut, mais elle y perd. Ce n'est plus un *empowerment* qu'elle acquiert, c'est un préjudice qu'elle s'inflige. À supposer qu'un homme n'assume que 25 % des soins du ménage et de l'éducation, on peut évidemment déplorer que les trois quarts de la charge retombent sur sa conjointe. Si lourds soient-ils, ces trois quarts pèsent moins que la totalité de la charge qu'elle devrait supporter sans lui. Même si un mari indolent pourvoit chichement aux besoins de la famille, ce peu vaut mieux que rien, à moins de juger que la justice doit l'emporter toujours et partout, que l'égalité est une valeur absolue et qu'étant sacrée, elle exige des sacrifices. Sinon, on conviendra que la communauté conjugale est plus avantageuse en pratique que la maternité solo.

Faut-il choisir entre un homme imparfait, comme ils sont tous (mais qui ne l'est ?), et l'absence d'homme, ce qui revient à se priver d'un soutien éventuellement insuffisant, mais indéniable ? Subir ou supprimer, lequel vaut mieux ? Pour sortir de cette aporie, les féministes font la promotion du couple sans domination, c'est-à-dire, pour parler franc, du couple formé par deux femmes, comme si la conviction politique pouvait influer sur l'orientation amoureuse et sexuelle. Quand l'enjeu de l'égalité acquiert cette puissance démesurée, et qu'il prescrit aux militantes les plus dociles la formation familiale convenable et la juste sexualité, il devient clair que la politisation du privé n'était que l'autre nom de sa négation.

Sans aller jusqu'à se contraindre à cette homosexualité de commande – ou se plier à cette homosexualité d'atmosphère –, il est un autre moyen, pour une femme, de protéger ses intérêts tout en cultivant la défiance envers les hommes, c'est de renoncer à faire des enfants.

La dénatalité afflige tous les pays occidentaux, sans épargner certains membres du Sud global, comme la Russie (dans cette catégorie en vogue, la Russie est au sud). On sent intuitivement que la baisse des naissances est un signe de dépression. On ne fait pas d'enfants quand on n'a plus d'espoir. Si le manque de moyens expliquait la dénatalité, les pays les plus pauvres seraient aussi les moins féconds. Ce n'est pas le cas. Actuellement, l'endroit au monde où le taux de natalité est le plus bas, 0,8 enfant par femme, c'est Hong Kong.

La plupart des pays occidentaux déplorent une immigration qu'ils appellent non de leurs vœux, mais dans les faits : il est presque sans exemple qu'un pays riche à la natalité déprimée n'attire pas les travailleurs étrangers. Le cas récent de l'Italie montre assez que le discours anti-immigrationniste d'un parti d'extrême droite ne tient pas longtemps devant la réalité : l'agriculture, la construction et l'industrie manquent de bras. Convertie à la raison économique, en décembre 2023, un an après son arrivée au pouvoir, Giorgia Meloni a ouvert 450 000 titres de séjour aux travailleurs étrangers.

Si le trop-plein de l'Afrique est promis à se déverser en Europe, le redressement de la natalité devrait être l'objectif de tous ceux qui s'en inquiètent, déplorent l'insécurité culturelle ou promettent la « préservation du mode de vie européen ». À côté de l'intégration des migrants, que personne ne conteste plus mais à laquelle, apparemment, peu de pays parviennent, la bonne santé démographique de nos régions devrait être un but pour tous les dirigeants. Ce but est couramment abandonné aux autocrates : Viktor Orbán s'en soucie ainsi que Vladimir Poutine, mais non pas Joe Biden.

Il a suffi qu'Emmanuel Macron parle de « réarmement démographique » pour que se rouvre son procès en extrême-droitisation. « Nous ne nous laisserons pas faire, nous garderons le contrôle de nos utérus » : écrit fièrement Camille Froidevaux-Metterie dans *Le Monde*, comme si un gouvernement qui comptait inscrire le droit à l'avortement dans la Constitution avait la moindre velléité de « contrôle du ventre maternel », la moindre intention de ramener « les femmes à leur ancienne condition de "corps à disposition" »[1].

1. « Les déclarations présidentielles réactivent la logique de contrôle du ventre maternel » (Camille Froidevaux-Metterie, « Affirmer la nécessité d'une politique nataliste, c'est relancer un programme d'un autre âge », *Le Monde*, 20 janvier 2024). L'ins-

Comment expliquer une telle surréaction ? Le but de parvenir à l'équilibre démographique paraît heurter la doxa féministe, en préjugeant de ce que les femmes ont à faire. Néanmoins, se raconter l'histoire de la servante écarlate dans la France de 2024, c'est jouer à se faire peur. La contraception ne fait plus question, la pilule est gratuite pour les femmes en dessous de vingt-cinq ans ; quant à la pilule du lendemain, les pharmaciens ont l'obligation de la fournir gratuitement à toutes celles, mineures ou majeures, qui en font la demande. L'avortement est un acquis incontestable, malgré les déclarations rituelles du clergé. On peut d'ailleurs observer que le taux de natalité des catholiques ne diffère pas de la moyenne nationale : à moins de les créditer de prouesses de chasteté, il faut qu'ils aient trouvé les moyens de « tromper la nature », comme on disait autrefois. En France, il n'est pas question d'attenter à la liberté que les femmes ont acquise en gagnant le contrôle de leur fécondité. Depuis qu'elles peuvent, comme les hommes, chercher le plaisir sans craindre les conséquences, il est vain d'imaginer qu'elles puissent y renoncer : ce serait trop présumer du masochisme féminin.

Tant que les femmes vivront la maternité comme un dilemme, tant qu'elles devront faire à leurs

---

cription de la liberté d'avorter dans la Constitution française eut lieu le 8 mars suivant.

enfants le sacrifice de leurs ambitions, la natalité restera navrante. Aujourd'hui les femmes doivent concilier des aspirations peu conciliables. Par exemple, au seuil de la carrière universitaire, la maternité est un boulet dans une compétition serrée. Or il est hasardeux de remettre à plus tard quand l'âge moyen du recrutement des enseignants titulaires est de trente-trois ans et cinq mois. Attendre d'avoir un poste stable pour faire un enfant est un pari à haut risque. Pourquoi brimer les aspirantes à la maternité ? Ne pourrait-on pas réserver un quota de postes non aux femmes en général, mais aux mères, et le rendre plus favorable encore aux mères de plusieurs enfants ? Dans toutes les grandes écoles, il ne serait pas difficile de proposer une scolarité différée pour celles qui, ayant réussi un concours, choisiraient de faire une pause de longue durée, le temps d'avoir un enfant ou même deux.

On a pris des mesures en faveur des « personnes en situation de handicap » : les entreprises de plus de vingt salariés doivent à présent atteindre un quota de 6 % de l'effectif total. Que ne prend-on pas des dispositions similaires en faveur des mères ? Le retour à l'emploi n'est pas une charité qu'on leur fait, c'est une prise en compte qu'on leur doit.

Actuellement, la maternité est un handicap, et c'est même le seul handicap non compensé. Même si elle est en baisse, elle est considérablement plus fréquente que les invalidités répertoriées : sa compensation imposerait donc une révolution dans les procédures de recrutement. La France a pris le parti de développer l'offre de crèches, à l'intention de celles qui souhaitent travailler pendant que leurs enfants sont en bas âge ; cet effort doit sans conteste être poursuivi et amplifié. Mais il faut aussi permettre aux femmes de s'arrêter avec la certitude de reprendre le travail dans des conditions favorisées, à présent qu'elles ont le choix de faire ou non des enfants. L'effort social en faveur des mères est le seul moyen de marquer le besoin vital que la nation a d'elles.

Avant la mise au point d'une contraception fiable, un État pouvait se moquer du bon vouloir des mères : de gré ou de force, bon an, mal an, elles enfantaient. À présent qu'elles sont libres, elles ont manifestement tendance à procrastiner. Angoissées par l'avenir, professionnellement incertaines, elles reportent l'âge de la maternité. Passer son tour devient la norme, renoncer n'est plus rare. Ce n'est pas de gaieté de cœur, contrairement à ce qu'imaginent ceux qui blâment rituellement l'hédonisme occidental. Le stress des jeunes femmes n'a rien d'hédoniste. Les sociétés modernes, si elles veulent continuer d'exister, ne peuvent plus se passer du bonheur des femmes.

L'indice actuel de fécondité a chuté à 1,68 enfant par femme. Simultanément, à la question « quel est le nombre idéal d'enfants que vous aimeriez personnellement avoir ou auriez aimé avoir ? », la majorité des sondées répondent 2,27[1]. Que veut dire concrètement cet écart de 0,49 ? Il signifie qu'une femme sur deux désire un enfant de plus, et qu'elle ne l'aura pas. La question n'est pas pour le gouvernement de prendre le contrôle du corps des femmes, mais son devoir est d'aider les femmes, autant que faire se peut, à accomplir leurs désirs d'enfants. Même quand les conditions de stabilité affective et économique sont réunies, cela n'a rien d'évident.

Qui n'a senti un pincement au cœur le jour où son anniversaire entraîne changement de dizaine ? Soudain la trentaine, la quarantaine... Devenir mère est un changement de dizaine qu'on déciderait soi-même – un changement violent, qui touche presque tous les aspects de la vie. Symboliquement, on prend la place de sa propre mère, ce qui n'est simple pour personne. Physiquement, le corps va changer, le cerveau même va être modifié. Il y a de quoi hésiter en haut du plongeoir. Plusieurs de ces changements sont irréversibles. Dans bien des cas, l'ADN du bébé se mêle à celui de la mère au moment de l'accouchement, de sorte que la femme, désormais porteuse de deux ADN, devient ce que la science appelle une chimère... Quel cou-

1. Selon une étude réalisée par l'institut Verian en 2023, et mise en avant par l'Union nationale des associations familiales (UNAF).

rage ou quel aveuglement faut-il à une femme pour franchir ce Rubicon ?

L'enjambement, dans un poème, est un procédé qui fait hésiter le lecteur :

Un voyou qui ressemblait à
Mon amour vint à ma rencontre

Faut-il lire d'une traite, en liant la préposition au complément, « à mon amour », quitte à perdre la scansion du vers ? Ou faut-il respecter la césure à la fin de l'octosyllabe, au risque d'une bizarre syncope ? Tout rejet produit ce trouble dans la diction. Depuis que la maternité a cessé d'être livrée au hasard de la nature, elle place chaque amoureuse devant une hésitation analogue : repousser la maternité à la ligne suivante, et rester soi-même, ou lier d'un seul souffle les lignes de sa vie ? Cette sorte d'enjambement ne concerne qu'une partie des femmes, celles qui se savent ou qui se croient aimées. Elle les concerne intimement, secrètement, tout au long de leurs cycles. Elle ne concerne que les femmes nées femmes (la précision importe depuis qu'à côté des femmes, il y a les soi-disant femmes).

Ce qui caractérise la condition féminine contemporaine, c'est la capacité de se lancer délibérément de la vie juvénile au destin maternel, puis d'une maternité à l'autre. Ce saut est angoissant ; il est libre.

Faut-il le dire, l'État compte pour rien dans un tel moment. Dans cette décision éminemment individuelle, l'encouragement ne peut venir que de la personne qu'on aime – le plus souvent un homme. Le politique n'a aucun moyen de communiquer le goût, l'énergie et l'espérance indispensables à la conception, depuis que la conception est volontaire. Il n'a pas de rôle positif. En revanche, il lui incombe de supprimer les freins. Lui qui ne peut donner l'élan, il faut qu'il ôte ce qui retient, ce qui retarde et qui vexe. Tout ce que le politique peut faire, et il le doit, c'est éliminer les obstacles au projet de maternité.

Le féminisme strident qui s'exprime aujourd'hui donne aux dirigeants un alibi pour ne rien faire, ou ne rien faire qui n'aille dans le sens du courant : égaliser toujours davantage. Le réflexe féministe a toujours été de réclamer le même traitement pour les deux sexes, et la France aime la toise. C'est bien le sens de la récente proposition d'Emmanuel Macron, qui consiste à réduire la durée du congé de maternité en l'ouvrant aux deux parents : six mois pour les deux, et mieux rémunérés. Auparavant, une femme pouvait rester deux ans auprès de son nouveau-né en cumulant congé parental et congé maternité. Si les déclarations présidentielles sont suivies d'effet, ce loisir, essentiel pour certaines, sera divisé par quatre.

Essentiel, mais non pour toutes. La maternité peut advenir aux femmes à n'importe quel moment de leur vie, entre dix-huit et quarante-cinq ans : les besoins sont-ils les mêmes à ces différents âges ?

Certaines aspirent au loisir, d'autres sont avides d'action : à chacune l'État doit garantir qu'elle trouvera une solution.

Ce but suppose des moyens considérables : il faut remédier à la crise du logement, non pas en général, mais de toute urgence au profit des jeunes couples, fussent-ils sans enfants. Il faut modifier le système des allocations familiales pour franchement favoriser celles qui deviennent mères avant vingt-cinq ans. Il faut aussi modifier le mécanisme de l'allocation en le rendant interne à chaque groupe social, l'idée étant qu'une femme qui devient mère ne voie jamais son niveau de vie baisser par rapport aux célibataires ou aux couples sans enfants qui appartiennent à la même tranche de revenu. Cela implique de réorienter la redistribution. Dans l'optique d'une politique familiale, il ne faut pas prendre aux riches pour donner aux pauvres mais, à l'intérieur de chaque classe sociale, prendre aux personnes sans enfants pour donner aux couples parentaux, l'idée étant qu'une naissance ne soit jamais un désavantage matériel. Enfin, on n'aura rien fait, si la possibilité d'être mère continue d'être synonyme d'enfermement dans la condition maternelle. Il faut soutenir les femmes dans leur aspiration à la maternité, mais par des dispositions sur mesure.

Il sera certes compliqué de les mettre en œuvre, mais rien n'est plus simple que leur principe directeur : faciliter autant que faire se peut la vie des femmes et des jeunes.

REMERCIEMENTS

De bons lecteurs ont eu la patience de lire le premier jet de cet essai. Je tiens à remercier particulièrement :

Didier Chauvaux, Nicole Czechowski, André Enegrén, Alain Finkielkraut, Sébastien Grisez, Patrick Hochart, Pierre Manent et Philippe Raynaud, qui ont éliminé les scories et les fautes, précisé la rédaction, nuancé la réflexion.

Leur aimable assistance ne signifie nullement leur accord avec les thèses que je présente, et dont je suis seule comptable. Il va de soi que les obscurités et les fautes qui sont restées m'incombent.

PREMIÈRE PARTIE

LES CONDITIONS DE L'UNION

DEUXIÈME PARTIE

SCÈNES DE LA VIE DE FAMILLE

TROISIÈME PARTIE

LES ANGLES MORTS
DU FÉMINISME

Composition : Rosa Beaumont
Achevé d'imprimer
par Dupliprint
à Domont (95), en août 2024.
Dépôt légal : août 2024.
Numéro d'imprimeur : 2024071796

ISBN 978-2-07-308205-3 / Imprimé en France.

640351